2017—2018年
宁波纺织服装产业发展报告

浙江纺织服装职业技术学院 主持
夏春玲 魏 明 刘霞玲 裘晓雯 等 编著

东华大学出版社·上海

图书在版编目(CIP)数据

2017—2018年宁波纺织服装产业发展报告/夏春玲等编著. —上海：东华大学出版社，2018.12
　　ISBN 978-7-5669-1507-8

　　Ⅰ.①2… Ⅱ.①夏… Ⅲ.①纺织工业—产业发展—研究报告—宁波—2017—2018②服装工业—产业发展—研究报告—宁波—2017—2018　Ⅳ.①F426.81

　　中国版本图书馆 CIP 数据核字(2018)第 271694 号

责任编辑　曹晓红
封面设计　书研社

2017—2018年 宁波纺织服装产业发展报告

2017—2018 nian ningbo fangzhi fuzhuang chanye fazhan baogao

夏春玲　等 编著

出版发行	东华大学出版社(上海市延安西路1882号　邮政编码:200051)
联系电话	编辑部　021-62379902
营销中心	021-62193056　62373056
出版社网址	http://www.dhupress.net
天猫旗舰店	http://dhdx.tmall.com
印　　刷	当纳利(上海)信息技术有限公司
开　　本	710 mm×1000 mm　1/16
印　　张	11.25
字　　数	237千
版　　次	2018年12月第1版
印　　次	2018年12月第1次印刷

ISBN 978-7-5669-1507-8　　　　　　定价:88.00元

宁波纺织服装产业发展报告
研究团队组成

顾问委员会

陈国强　中国服装协会产业经济研究所所长，中国服装协会副会长
王梅珍　博士　浙江纺织服装职业技术学院院长　教授
陈运能　博士　浙江纺织服装职业技术学院副院长　教授
叶志刚　宁波市经济和信息化委员会消费品产业办公室主任
周安邦　原宁波纺织服装行业管理办公室主任
毛屹华　宁波市服装协会秘书长
冯盈之　浙江纺织服装职业技术学院文化研究院院长　教授

研究组：宁波纺织服装产业经济研究所
研究组负责人：夏春玲
研究组核心成员：魏　明　刘霞玲　裘晓雯　林建萍

前 言

2017—2018年《宁波纺织服装产业发展报告》（以下简称《报告》）是由浙江纺织服装职业技术学院主持、自2010年起连续编著完成的第八本《报告》（白皮书）。浙江纺织服装职业技术学院作为宁波唯一的一所以纺织服装为专业特色的高等学校，责无旁贷地担当着宁波纺织服装产业发展研究的重任。在宁波市委、市政府的领导下，在宁波纺织服装行业管理部门和机构的大力支持下，学院始终秉承产学研的办学理念，积极致力于宁波市纺织服装产业的发展研究，充分发挥学院在纺织服装产业的教学优势和产学研优势，深入行业企业调研，携手行业同仁为宁波纺织服装产业的发展提供实证数据分析和前沿理论，努力为纺织服装产业发展提供有效服务。

《报告》内容分为上、下篇。上篇产业运行分析。主要是对2017年宁波纺织服装产业运行的主要经济指标、发展中出现的新现象进行分析，把握产业运行态势和发展亮点，发现产业发展中存在问题，提出产业发展建议。下篇产业发展研究专题，从宁波市纺织服装产业区域发展、"一带一路"倡议下纺织服装行业外向型发展基础研究、鄞州区国家外贸示范基地发展等层面进行产业发展跟踪研究，旨在总结产业发展经验，捕捉产业新模式，丰富发展理论，力图为产业发展行稳致远提出有益理论建议。

《报告》研究团队实力较强。顾问组由行业资深研究专家、行业管理主管人员、行业协会会长、副会长等组成，研究成员具有多年宁波纺织服装产业经济研究基础与经验，积累了大量的第一手资料及成果，确保《报告》的客观性、承续性、有用性。《报告》研究工作组织及统稿由夏春玲负责；上篇的一、二、

三、四由夏春玲、刘霞玲、裘晓雯、林建萍共同完成，上篇的五由魏明完成；下篇专题一由吕秀君、夏春玲共同完成；专题二由浙江工商职业技术学院王若明主持完成，专题三由刘霞玲主持，夏春玲、魏明参与完成。

中国服装协会副会长、中国服装产业经济研究所所长陈国强先生为《报告》研究提供行业发展最新资讯，并对报告主旨、脉络与结构给予全力指导；浙江纺织服装职业技术学院王梅珍院长对《报告》研究工作及出版高度关注并给予鼎力支持；陈运能副院长对调研、专家咨询工作给予倾力支持。在编写过程中，宁波市经济和信息化委员会、宁波市服装协会、鄞州区商务局、宁波市鄞州纺织服装国际商会、产业内相关企业等单位给予大力支持；宁波市纺织服装行业管理办公室原主任周安邦给予了全力帮助。在此，对所有给予支持和帮助的领导、朋友们表示衷心感谢！对所有助力《报告》成功出版及付出辛勤工作的朋友们表示衷心感谢！

在课题研究中我们参阅了大量资料、案例和相关研究成果，相关的企业提供了丰富的资料，在此一并表示衷心感谢！由于编者水平有限，不足之处在所难免，敬请指导！

研究组
2018 年 10 月

目 录

上篇　产业运行分析

一、2017 年宁波纺织服装产业基本面 ……………………………………… 3

二、2017 年宁波纺织服装产业运行效益分析 ……………………………… 5

三、2017 年宁波纺织服装产业发展亮点 …………………………………… 24

四、发展中存在的问题 ……………………………………………………… 35

五、推动宁波纺织服装产业智能制造的实证调研与政策建议 …………… 41

下篇　产业发展研究专题

专题一　鄞州区国家外贸转型升级示范基地发展研究 …………………… 51

专题二　古林镇纺织服装行业规模调查和创新发展报告 ………………… 94

专题三　"一带一路"倡议下宁波纺织服装行业外向型发展基础 ……… 139

上 篇

产业运行分析

2017年世界经济温和复苏，国际贸易增速提高，全球经济增长率持续下降趋势结束。国内经济运行保持在合理区间，全年经济增速小幅回升至6.9%，经济趋稳向好的态势更加巩固。在国内外经济增长趋稳、复苏的大背景下，纺织服装行业仍然面临着国内燃料动力成本、人工成本、原料成本等上升而导致综合成本压力大的局面；纺织服装产业面临的外部环境并未因经济复苏而改善，国际竞争依然复杂严峻。同时，行业自身内部需要化解的一系列矛盾仍然存在。

2017年宁波纺织服装产业不断深化结构调整，新旧动能加快转换。全年产业工业总产值增长5.69%。产业从"稳增长"向"高质量"方向发展，对宁波经济和社会贡献依然较大。

一、

2017年宁波纺织服装产业基本面

根据宁波市统计局数据,2017年宁波市规模以上纺织服装企业共870家,占宁波市全部规模以上企业的11.85%;本年与上年对比数据基于本年的870家宁波市规模以上纺织服装企业。企业从业人员203 484人,占宁波市全部规模以上企业从业人数14.1%。近3年宁波市规模以上纺织服装企业基本情况如表1-1所示。

表1-1 2014—2016年宁波市规模以上纺织服装行业基本情况

指　标	2017年	2016年	2015年
企业单位数(家)	870	906	917
其中:纺织业	262	273	282
纺织服装、服饰业	549	566	572
化学纤维制造业	59	67	63
全部从业人员平均数(人)	203 484	228 832	232 354
其中:纺织业	53 655	61 370	58 249
纺织服装、服饰业	141 407	158 492	164 520
化学纤维制造业	8 422	8 970	9 585
企业平均人数	234	253	253
资产总计(亿元)	1 289.27	1 299.49	1 223.48
负债总计(亿元)	711.83	707.56	683.41

资料来源:宁波市统计局

2017年宁波纺织服装产业规模以上企业产量全年完成173 972吨纱,无纺布11 968吨;累计完成服装产量117 021万件。布、印染布呈现正增长,化纤长丝机织物产量表现可嘉,产量达 16 762 万米,同比增长 26.4%。其中纱等品种产量下降,主要是近年产品结构调整,一些产品生产转移出去的结果。规模以上企业全年服装产量下降而生产总值上升,则是宁波服装行业向质发展的显现效果,见表 1-2 所示。

表 1-2 2017 年宁波纺织服装产量统计

序号	名　称	单位	本年累计	比去年同期累计增长(%)
1	纱	吨	173 972	−11.80
2	棉纱	吨	150 316	−9.90
3	棉混纺纱	吨	19 062	−25.30
4	化学纤维纱	吨	4 595	−7.90
5	布	万米	34 573	5.60
6	其中:棉布	万米	24 006	10.40
7	棉混纺布	万米	6 487	−1.80
8	化学纤维布	万米	4 080	−7.10
9	印染布	万米	45 166	1.60
10	毛条	吨	2 979	6.90
11	绒线(俗称毛线)	吨	4 536	4.00
12	毛机织物(呢绒)	万米	293	−19.50
13	蚕丝及交织机织物(含蚕丝≥50%)	万米	125	−75.50
14	化纤长丝机织物	万米	16 762	26.40
15	无纺布(无纺织物)	吨	11 968	−20.70
16	帘子布	吨	45 088	9.10
17	服装	万件	117 021	−5.30
18	梭织服装	万件	11 809	−9.50
19	其中:羽绒服	万件	35	−23.00
20	西服套装	万件	1 497	5.00
21	衬衫	万件	4 162	−17.30
22	针织服装	万件	10 5211	−4.80

二、

2017年宁波纺织服装产业运行效益分析

1. 重要指标延续上年增长,产业发展总体稳中向好

根据宁波市统计局数据,2017年,宁波纺织服装产业规模以上企业工业累计实现工业总产值1 157.17亿元,同比增长5.69%,总产值连续两年增长;全年实现工业销售值1 115亿,同比增长5.10%。宁波纺织服装产业2017年累计完成出口交货值357.36亿元,同比下降2.07%。工业总产值和工业销售值双双增长,显示出宁波纺织服装产业总体上稳中向好发展(表2-1、表2-2,图2-1、图2-2)。

表2-1 2015—2017年宁波规模以上纺织服装行业产值和出口比较

项目	2015年	2016年	2017年	
	同比±(%)	同比±(%)	数值(亿元)	同比±(%)
工业总产值	-1.82	1.02	1 157.17	5.69
工业销售产值	-1.51	0.91	1 115.55	5.10

资料来源:宁波市统计局

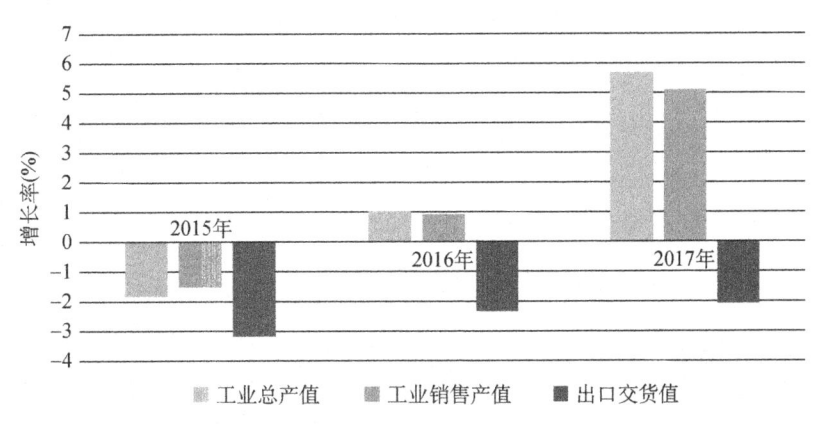

图2-1 2015—2017年宁波市规模以上纺织服装行业产值和出口增长率对比

表 2-2 2015—2017 年宁波规模以上纺织服装行业产值比较

项　目		2015 年	2016 年	2017 年	
		同比±(%)	同比±(%)	数值(亿元)	同比±(%)
纺织业	工业总产值	-3.09	6.51	347.16	6.09
	工业销售产值	-3.54	6.30	343.09	7.95
	出口交货值	-10.81	-1.25	70.73	-3.66
纺织服装、服饰业	工业总产值	-1.03	0.75	636.20	3.58
	工业销售产值	1.06	-0.54	605.20	1.68
	出口交货值	-0.64	-1.29	275.06	-2.23
化学纤维制造业	工业总产值	-2.15	-10.36	173.81	13.25
	工业销售产值	-7.28	-5.47	167.26	12.68
	出口交货值	-11.35	-31.19	11.57	13.51

资料来源：宁波市统计局

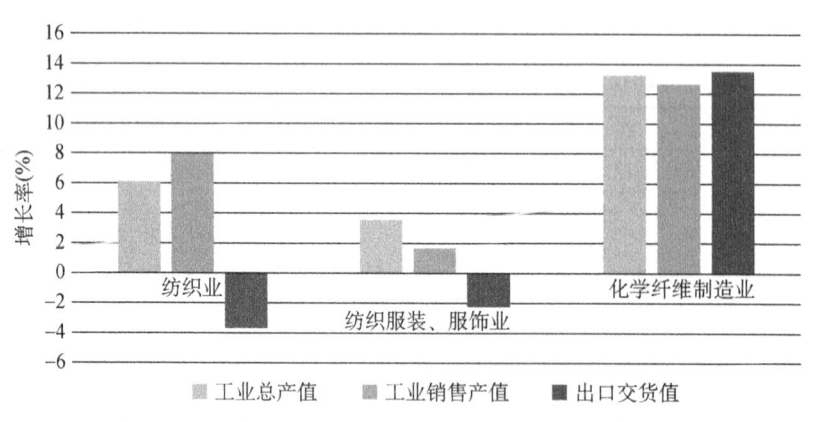

图 2-2 2017 年宁波规模以上纺织服装行业产值和出口增长率比较

2. 利润和利税增长，利税贡献近 5%

2017 年，宁波纺织服装产业的利润总额 54.79 亿元，占宁波市全部规模以上企业的 4.33%；利税总额 89.86 亿元，同比上升 0.57%，占宁波市全部规模以上企业的 4.28%；税金总额 35.07 亿元，同比上升 6.32%，占宁波市全部规模以上企业的 4.21%，税金主要是增值税，应交增值税 27.43 亿元，增值税占宁波市全部规模以上企业的 6.37%（表 2-3，图 2-3～图 2-5）。

表 2-3 2015—2017 年宁波规模以上纺织服装行业利税比较

项目	2015 年 同比±(%)	2016 年 同比±(%)	2017 年 数值(万元)	2017 年 同比±(%)
利润总额	−9.69	4.39	547 919	−2.79
税金总额	9.69	−4.20	350 735	6.32
应交增值税	10.08	−4.70	274 308	−0.00
利税总额	−3.30	1.19	898 654	0.57

资料来源：宁波市统计局

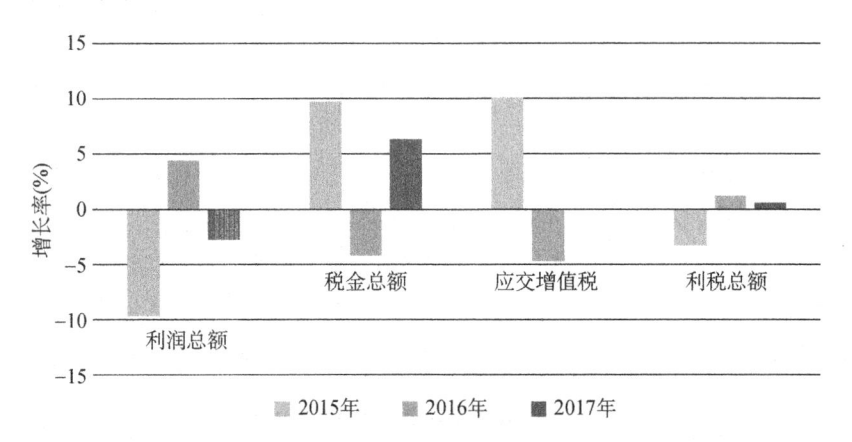

图 2-3 2015—2017 年宁波规模以上纺织服装行业利润与税金增长率比较

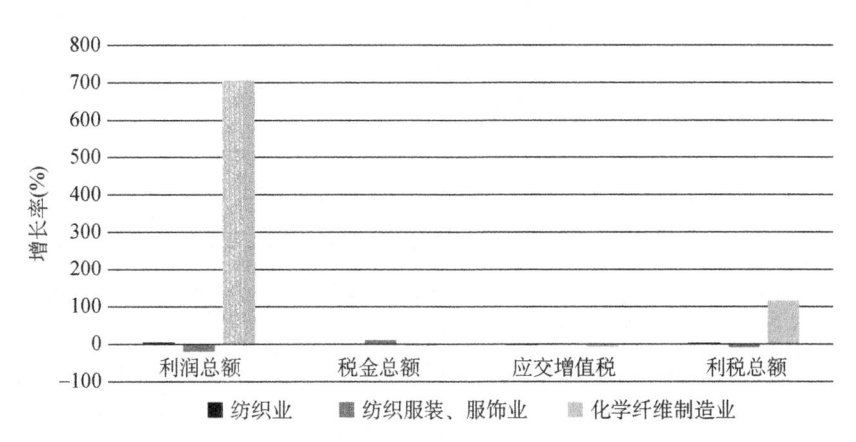

图 2-4 2017 年宁波规模以上纺织服装细分行业利润与税金增长率分行业比较

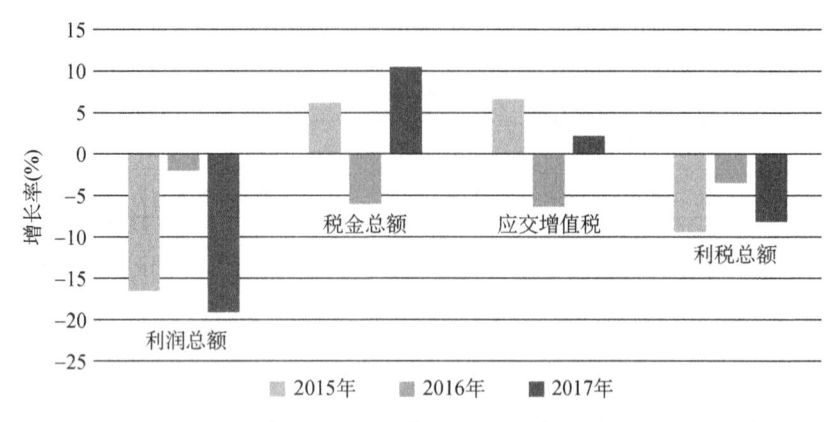

图 2-5 2015—2017 年宁波细分行业纺织服装、服饰业利润与税金增长率比较

3. 内销增长而出口下降，内外贸结构持续调整

从销售结构看，企业内销比重增加。2017年宁波市规模以上企业共实现销售产值1 115.55亿元，其中实现内销产值758.18亿元，内销产值占销售总产值67.97%，连续三年上升。2017年三大细分行业内销比重均有增加，纺织服装、服饰业内销比重增加较大。化纤业以内销为主，内销产值占销售总产值的93.08%（表2-4，图2-6）。

表 2-4　2015—2017 年宁波规模以上纺织服装细分行业内销产值比较

项目	2016 年		2017 年	
	内销产值（亿元）	内销占销售产值比例（%）	内销产值（亿元）	内销占销售产值比例（%）
纺织业	295.89	79.23	272.36	79.38
纺织服装、服饰业	330.00	50.34	330.14	54.55
化学纤维制造业	129.10	92.64	155.69	93.08
合计	754.98	64.62	758.19	67.97

资料来源：宁波市统计局数据计算所

2017年宁波纺织服装产业累计完成出口交货值357.36亿元，同比下降2.07%。近几年受全球经济放缓、国际需求不振及市场竞争加剧的影响，从2015至2017年出口交货值分析来看，宁波规模以上纺织服装企业出口持续3年下降，服装出口持续负增长。但是，2017年随着全球经济温和复苏，行业出口降幅收窄。

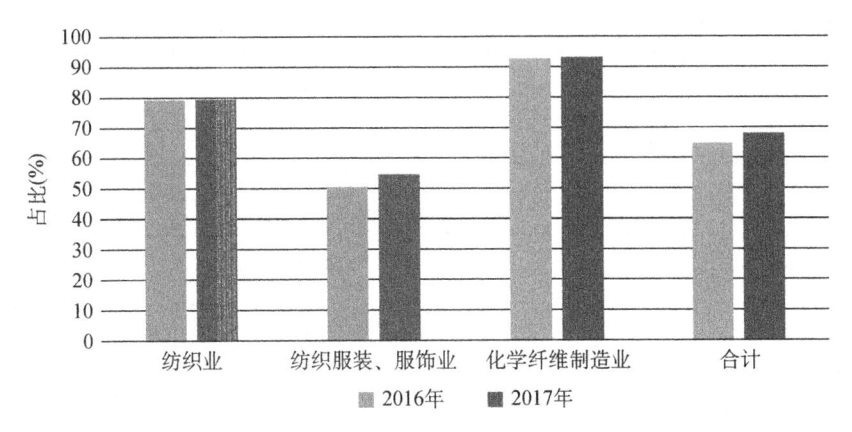

图 2-6　2016—2017 年宁波规模以上纺织服装细分行业内销比重图

与 2015 年宁波市规模以上企业内销产值占销售总产值 63.21%，内销与出口比为 6∶4；2017 年内销产值占销售产值 68%，内销与出口比为 6.8∶3.2。

从宁波纺织服装产业内销比重升、外销比重下降现象分析，其深层次发展逻辑——在国际经济复杂多变、国际贸易保护主义抬头大背景下，宁波企业重视内销市场，紧紧围绕消费升级调整市场方向，逐步改善外贸依存度较高结构，进一步实现产业从加工出品贸易为主向设计、品牌、智造转型（见表 2-5～2-7，图 2-7～2-9）。

表 2-5　2015—2017 年宁波规模以上纺织服装行业出口比较

项目	2015 年	2016 年	2017 年	
	同比±(%)	同比±(%)	数值(亿元)	同比±(%)
出口交货值	−3.18	−2.33	357.36	−2.07

资料来源：宁波市统计局

表 2-6　2016—2017 年规模以上纺织服装细分行业产值和出口所占比重

项目	工业总产值(%)		出口交货值(%)	
	2016 年	2017 年	2016 年	2017 年
纺织业	32.10	30.00	18.76	19.79
纺织服装、服饰业	56.02	54.98	78.76	76.97
化学纤维制造业	11.87	15.02	2.48	3.24

资料来源：宁波市统计局

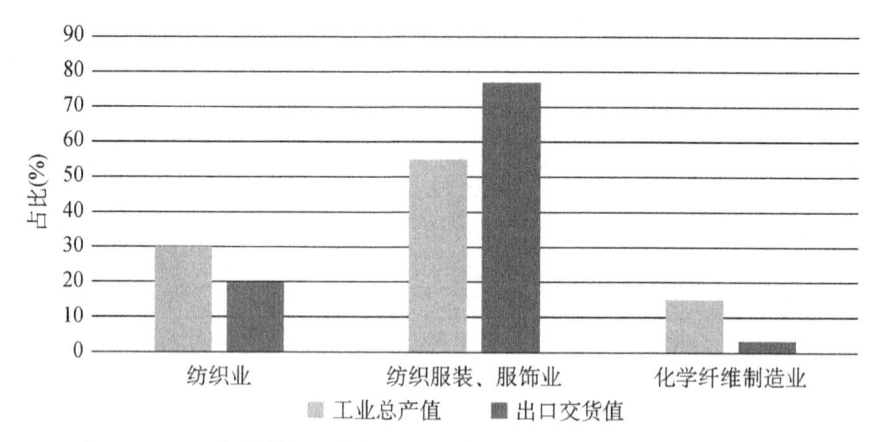

图 2-7 2017 年规模以上纺织服装细分行业工业总产值和出口所占比重

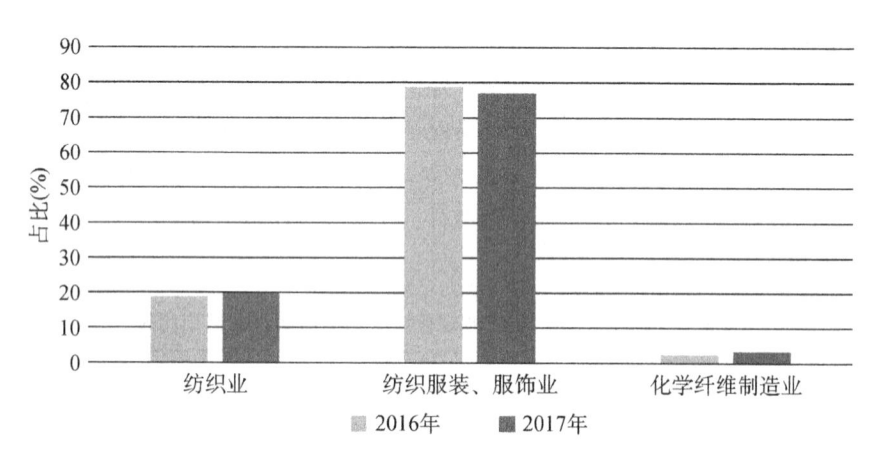

图 2-8 2016—2017 年宁波规模以上纺织服装细分行业出口交货值所占比重

表 2-7 2016—2017 年宁波规模以上纺织服装细分行业利润和税金所占比重

项目	税金总额（%）		利润总额（%）	
	2016 年	2017 年	2016 年	2017 年
纺织业	32.78	30.35	42.02	42.00
纺织服装、服饰业	59.40	62.18	57.26	49.92
化学纤维制造业	7.83	7.47	0.72	8.08

资料来源：宁波市统计局

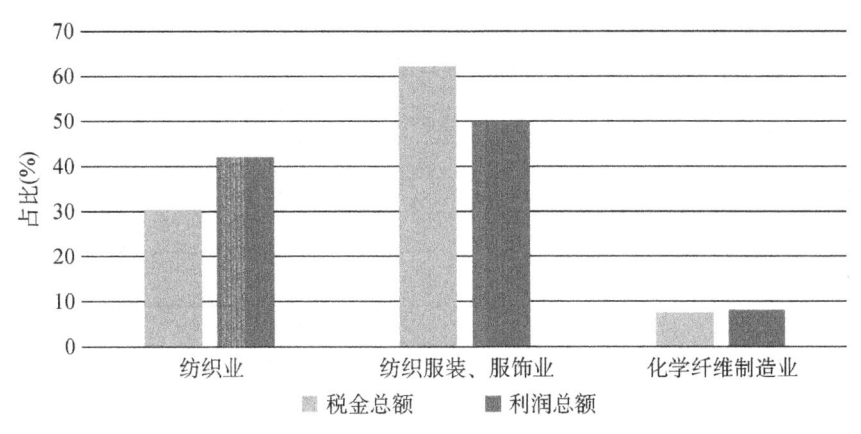

图 2-9　2017 年宁波纺织服装细分行业税金和利润所占比重

4. 亏损企业面扩大,但亏损额下降

2017年,宁波纺织服装产业亏损企业 225 家,占宁波全市亏损企业 18.77%。亏损面达 26%,比上年上升了 4%,亏损面比宁波市规模以上企业平均亏损面 16% 高出 10%。亏损面上升的情况下,亏损企业亏损额下降,共计亏损 53 303 万元,同比下降 35.97%。细分行业看,化学纤维制造业情况好转,亏损面和亏损额均大幅下降,纺织业亏损面和亏损金额均上升,纺织服装服饰业亏损面大幅增加但亏损额下降(表 2-8、表 2-9,图 2-10)。

表 2-8　2017 年宁波规模以上纺织服装细分行业亏损情况

指标名称	纺织业		纺织服装、服饰业		化学纤维制造业	
	数值	同比 ±(%)	数值	同比 ±(%)	数值	同比 ±(%)
企业单位总数(户)	262		549		59	
本年亏损企业数(户)	61	35.56	152	15.15	12	−33.33
去年亏损企业数(户)	45		132		18	
本年亏损企业亏损金额(万元)	18 425	12.38	24 957	−22.01	9 921	−71.53

资料来源:宁波市统计局

表 2-9　2015—2017 年宁波规模以上纺织服装细分行业企业亏损面比较

指标名称	纺织业 亏损面(%)	纺织服装、服饰业 亏损面(%)	化学纤维制造业 亏损面(%)	合计
2015 年	22	19	32	21
2016 年	19	22	37	22
2017 年	23	28	20	26

资料来源：宁波市统计局

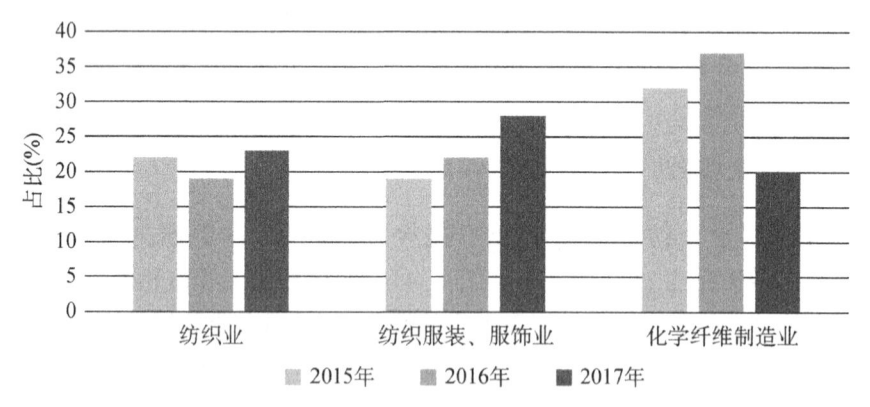

图 2-10　2015—2017 年宁波规模以上纺织服装细分行业亏损面分行业比较

5. 成本率略有下降，销售财务费用大幅增长

2017 年，宁波纺织工业在营业收入增长 5.58% 的情况下，营业税金及附加增长 37.47%，销售费用和财务费用分别上升 15.65% 和 72.77%，管理费用下降 0.50%，销售费用持续两年大幅增加。宁波纺织工业全年营业收入总计 1 149.73 亿元，其中主营业务收入 1 123.52 亿元，主营业务收入占营业收入比重 97.72%。比较 2017 年收入与成本费用发现，销售和财务费用的大幅增长主要系纺织服装服饰业所致。笔者认为：行业费用增加一方面是企业管理效率不佳，另一方面是原来企业以加工贸易为主要业务模式下，销售费用支出较少，而转为内销模式时销售费用增加，且在原基数小基础上比较则表现出增幅较大（表 2-11、表 2-12，图 2-11、图 2-12）。

表 2-10 2015—2017 年宁波规模以上纺织服装行业利润构成项目变动比较

项目	2015 年 同比±(%)	2016 年 同比±(%)	2017 年 数值(亿元)	2017 年 同比±(%)
营业收入	-2.66	1.82	1 149.73	5.58
其中:主营业务收入	-2.18	2.03	1 123.52	5.23
营业成本	-2.55	1.65	983.83	5.35
其中:主营业务成本	-2.07	1.83	959.99	4.85
营业税金及附加	7.93	-1.67	7.67	37.47
其中:主营业务税金及附加	7.77	-1.68	7.64	37.49
销售费用	-2.05	10.95	43.36	15.65
管理费用	-0.63	4.29	55.88	-0.50
财务费用	-20.53	-25.93	14.07	72.77

资料来源:宁波市统计局

表 2-11 2016—2017 年宁波规模以上纺织服装行业"三费"与收入成本变动率比较

项目	纺织业 2016 年	纺织业 2017 年	纺织服装、服饰业 2016 年	纺织服装、服饰业 2017 年	化学纤维制造业 2016 年	化学纤维制造业 2017 年
营业收入(%)	6.24	5.29	1.92	3.07	-9.40	16.72
其中:主营业务收入(%)	6.73	5.05	1.34	2.79	-6.48	15.75
营业成本(%)	5.98	4.87	1.77	3.19	-8.52	14.31
其中:主营业务成本(%)	6.52	4.51	1.23	2.58	-6.35	13.91
营业税金及附加(%)	6.45	15.49	-4.36	51.50	-15.91	22.43
其中:主营业务税金及附加(%)	6.76	15.42	-4.43	51.53	-16.49	22.43
销售费用(%)	14.66	4.11	11.25	19.07	-14.02	4.68
管理费用(%)	8.13	4.03	4.37	-4.33	-14.04	11.02
财务费用(%)	-15.01	56.13	-25.58	153.78	-38.00	4.82

资料来源:宁波市统计局

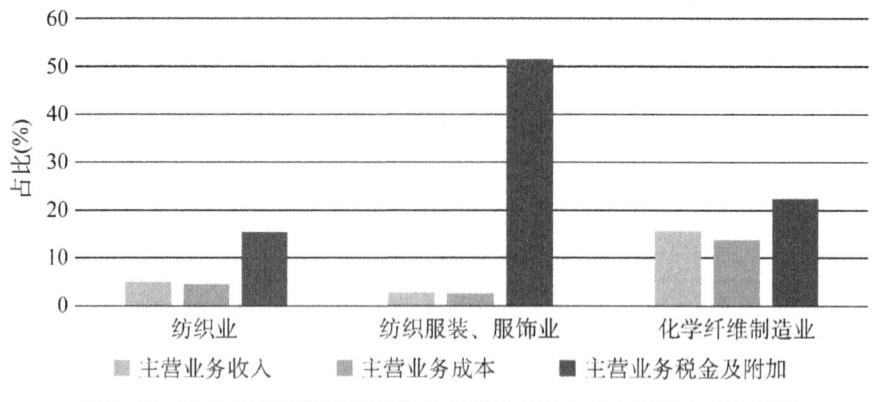

图 2-11　2017 年纺织服装细分行业主营业务收入成本及税金变动情况

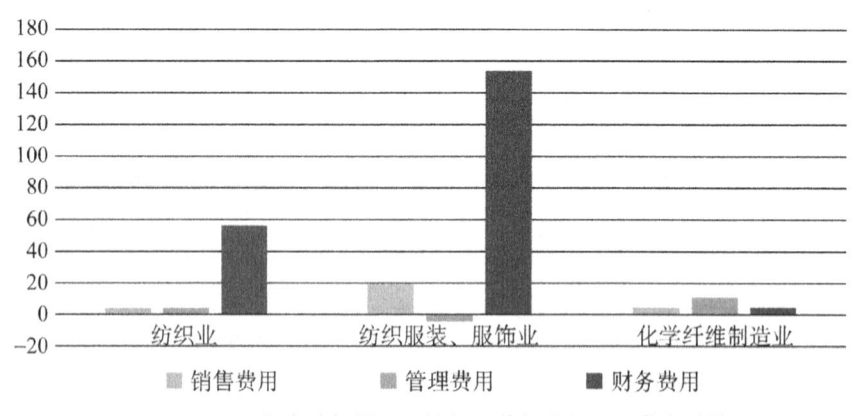

图 2-12　2017 年宁波规模以上纺织服装细分行业三费变动情况

6. 科技创新主要为自主研发，纺织业新产品增长较快

2017 年，宁波市规模以上纺织企业用于科技活动经费支出 92 894 万元，同比增长 6.42%，主要是化学纤维制造业科技活动经费支出大幅增长，而宁波市规模以上企业平均增长 21.73%；购置技术成果费用只有 411 万元，低基数大幅增长 38.27%，科技创新主要系自主创新。全年共计完成新产品产值 342.31 亿元，同比下降 0.48%，而宁波市规模以上企业平均增长 19.69%，新产品产值占工业总产值 30%。细分行业看，新产品产值下降主要是纺织服装服饰业，大幅减少 9.35%（表 2-12、表 2-13，图 2-13）。

表 2-12　2017 年宁波纺织服装行业科技经费支出与新产品产值情况

项　目	纺织业		纺织服装、服饰业		化学纤维制造业	
	金额（万元）	同比（%）	金额（万元）	同比（%）	金额（万元）	同比（%）
科技活动经费支出总额	57 023	0.62	26 649	4.81	9 222	77.43
技术成果费用	130.00	30.00	191.20	129.26	90.30	−20.93
新产品产值	1 085 976	11.76	1 799 709	−9.35	537 368	11.36
新产品产值率（%）	31	5.35	28	−12.48	31	−1.66

资料来源：宁波市统计局

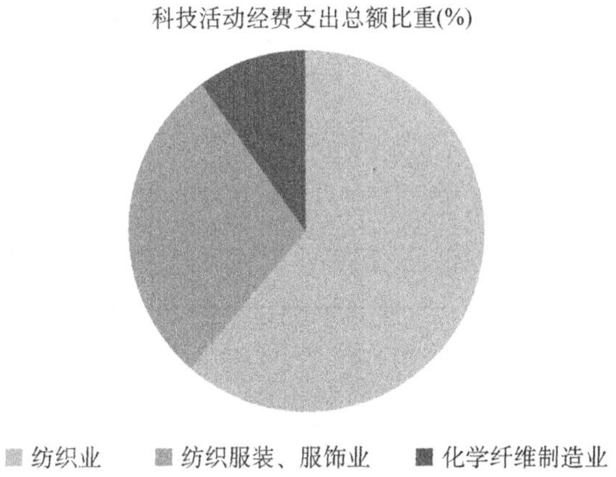

图 2-13　2017 年宁波规模以上纺织服装细分行业科技活动经费支出比重图

表 2-13　2016—2017 年宁波纺织服装行业科技经费支出与新产品产值同比增长对比

项　目	纺织业		纺织服装、服饰业		化学纤维制造业	
	2016 年	2017 年	2016 年	2017 年	2016 年	2017 年
科技活动经费支出总额同比增长（%）	15.34	0.62	−24.81	4.81	−15.93	77.43
购置技术成果费用同比增长（%）	100	30.00	5.04	129.26		−20.93
新产品产值同比增长（%）	30.27	11.76	0.41	−9.35	−10.24	11.36

资料来源：宁波市统计局

7. 人均报酬持续增长,劳动效率提高

2016年,从企业平均经济指标看,企业平均资产和产值均增长,但平均出口和平均利润下降,平均税金上升(表2-14,图2-14,图2-15)。

表2-14 2015—2017年宁波规模以上纺织服装行业企业平均经济指标比较

项目	2015年	2016年	2017年	
	同比±(%)	同比±(%)	数值(万元)	同比±(%)
企业平均资产总额	0.40	7.68	14 819	4.76
企业平均工业总产值	−4.83	−2.20	12 822	1.88
企业平均销售产值	−1.51	0.91	12 822	5.10
企业平均出口交货值	−3.18	−2.33	4 108	−2.07
企业平均主营业务收入	−2.18	2.03	12 914	5.23
企业平均利润总额	−9.69	4.39	630	−2.79
企业平均税金总额	9.69	−4.20	403	6.32
企业平均利税总额	−3.30	1.19	1 033	0.57

资料来源:宁波市统计局

图2-14 2015—2017年宁波规模以上纺织服装行业企业平均产值与收入变动比较

从人均经济指标看,人均产值和人均收入持续三年增长,表明劳动效率继续提高。人均劳动报酬6万元,增加7.77%,人均劳动报酬持续较大幅度增长,但低于宁波市全部企业(人均劳动报酬6.88万元,增加10.64%),但增长幅度下降,企业人工成本持续上升。人均税金1.72万元,人均税金大大低于宁波市平

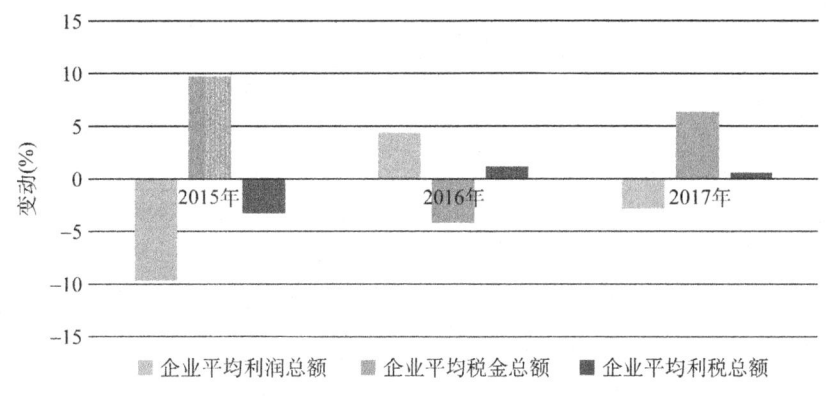

图 2-15　2015—2017 年宁波规模以上纺织服装行业企业平均利润与税金变动比较

均 5.78 万元,人均利润 2.69 万元,也大大低于宁波市平均 8.76 万元。行业劳动密集型特征明显(表 2-15,图 2-16、图 2-17)。

表 2-15　2015—2017 年宁波规模以上纺织服装行业人均经济指标比较

项目	2015 年 同比±(%)	2016 年 同比±(%)	2017 年 数值(万元/人)	2017 年 同比±(%)
人均工业总产值	1.86	3.42	56.87	11.30
人均销售产值	2.18	3.31	54.82	10.67
人均出口交货值	0.46	−0.01	17.56	3.12
人均主营业务收入	1.49	4.45	55.21	10.82
人均利润	−6.31	6.87	2.69	2.37
人均税金	13.80	−1.92	1.72	11.96
人均利税	0.32	3.59	4.42	5.91
人均劳动报酬	10.68	8.98	6.00	7.77

资料来源:宁波市统计局

细分行业看,化学纤维制造业 2017 年情况较好,各项人均指标都有较大增长。纺织服装服饰业获利情况有待改善。三大细分行业从业人员的年人均劳动报酬均有较大增长,平均增长 7.77%,纺织业和化学纤维制造业增长较快(表 2-16)。

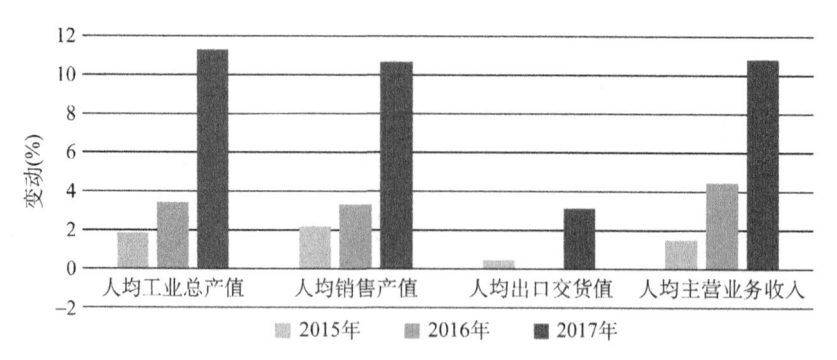

图 2-16 2015—2017 年宁波规模以上纺织服装行业人均产值与收入变动比较

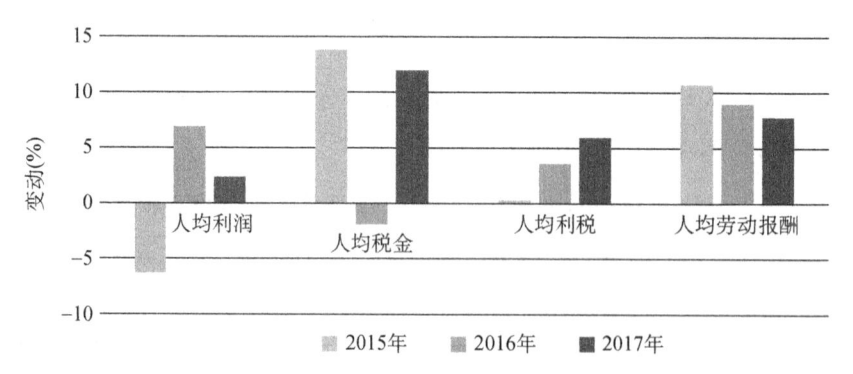

图 2-17 2015—2017 年宁波规模以上纺织服装行业人均利税与劳动报酬变动比较

表 2-16 2017 年宁波市规模以上纺织服装行业分行业企业平均与人均经济指标

指标名称	纺织业		纺织服装、服饰业		化学纤维制造业		合计	
	数值（万元）	同比（%）	数值（万元）	同比（%）	数值（万元）	同比（%）	数值（万元）	同比（%）
企业平均资产总额	16 576	6.38	13 053	4.83	23 453	−0.30	14 819	4.76
企业平均工业总产值	13 095	4.85	11 024	−1.47	28 349	8.98	12 822	1.88
企业平均销售产值	13 095	7.95	11 024	1.68	28 349	12.68	12 822	5.10
企业平均出口交货值	2 700	−3.66	5 010	−2.23	1 961	13.51	4 108	−2.07

(续表)

指标名称	纺织业		纺织服装、服饰业		化学纤维制造业		合计	
	数值（万元）	同比（%）	数值（万元）	同比（%）	数值（万元）	同比（%）	数值（万元）	同比（%）
企业平均主营业务收入	13 035	5.05	11 193	2.79	28 390	15.75	12 914	5.23
企业平均利润总额	878	4.53	498	−19.08	751	705.22	630	−2.79
企业平均税金总额	406	1.14	397	10.48	444	−3.82	403	6.32
企业平均利税总额	1 285	3.43	895	−8.18	1 194	115.32	1 033	0.57
人均工业总产值	64.70	9.64	44.99	9.57	206.37	24.39	56.87	11.30
人均销售产值	63.94	11.56	42.80	7.56	198.60	23.77	54.82	10.67
人均出口交货值（万元/人）	13.18	−0.43	19.45	3.43	13.74	24.68	17.56	3.12
人均主营业务收入	63.65	8.57	43.46	8.73	198.88	27.14	55.21	10.82
人均利润	4.29	8.02	1.93	−14.40	5.26	784.48	2.69	2.37
人均税金	1.98	4.52	1.54	16.86	3.11	5.65	1.72	11.96
人均利税	6.27	6.89	3.48	−2.88	8.37	136.51	4.42	5.91
人均劳动报酬（万元/人）	6.23	10.22	5.91	6.50	5.97	13.10	6.00	7.77

资料来源：根据宁波市统计局数据计算取得

8. 获利能力下降，企业收款压力大

2017年，纺织产业各项利润率均下降，行业的盈利能力整体下降。细分行业看，化学纤维制造业盈利能力提升明显，各项指标均大幅增长。而纺织服装服饰业和纺织业均较上年下降，尤其是纺织服装、服饰业大幅下滑，行业的持续盈利能力有待提升（表2-17，图2-18、图2-19）。

表 2-17　2016—2017 年宁波规模以上纺织服装行业获利指标比较

指标分析		纺织业	纺织服装、服饰业	化学纤维制造业	合计
销售利润率(%)	本年累计	6.55	4.35	2.60	4.77
	上年同期	6.60	5.55	0.38	5.18
	同比±(%)	−0.73	−21.49	589.86	−7.93
销售产值利润率(%)	本年累计	6.71	4.52	2.65	4.91
	上年同期	6.93	5.68	0.37	5.31
	同比±(%)	−3.17	−20.42	614.59	−7.51
总资产利润率(%)	本年累计	5.30	3.82	3.20	4.25
	上年同期	5.39	4.94	0.40	4.58
	同比±(%)	−1.75	−22.81	707.62	−7.22
净资产利润率(%)	本年累计	10.53	8.43	12.86	9.49
	上年同期	10.73	10.54	1.81	10.13
	同比±(%)	−1.84	−20.05	611.73	−6.36

资料来源：宁波市统计局

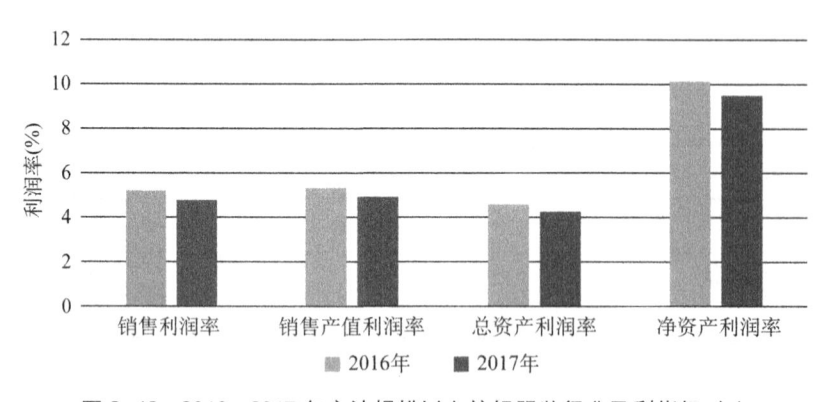

图 2-18　2016—2017 年宁波规模以上纺织服装行业盈利指标对比

分析 2017 年资产经营效率指标，除总资产周转率略有提高外，应收账款周转率、存货周转率、流动资产周转率均有所下降，表明企业资产的运营能力有待进一步改善。应收账款周转率在上年大幅下降 17.94% 的基础上继续下降 6.55%，特别是纺织服装、服饰业应收账款周转率持续大幅降低，欠款大幅增加。细分行业看，纺织业应收账款情况较好（表 2-18，图 2-20、图 2-21）。

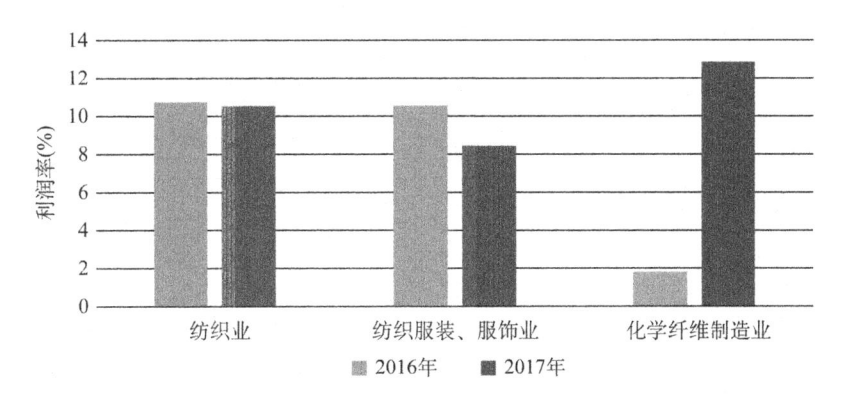

图 2-19　2016—2017 年宁波规模以上纺织服装细分行业净资产利润率对比

表 2-18　2016—2017 年宁波规模以上纺织服装行业运营指标比较

指标分析		纺织业	纺织服装、服饰业	化学纤维制造业	合计
应收账款周转率	本年累计	6.61	2.96	10.67	4.09
	上年同期	6.38	3.33	10.78	4.38
	同比±(%)	3.63	−11.05	−1.02	−6.55
存货周转率	本年累计	4.21	4.95	5.43	4.76
	上年同期	4.70	4.65	5.67	4.79
	同比±(%)	−10.51	6.45	−4.24	−0.67
流动资产周转率	本年累计	1.24	1.21	2.02	1.30
	上年同期	1.27	1.24	1.80	1.30
	同比±(%)	−1.89	−2.27	12.22	−0.31
总资产周转率	本年累计	0.81	0.88	1.23	0.89
	上年同期	0.82	0.89	1.05	0.88
	同比±(%)	−1.03	−1.67	17.07	0.78

资料来源：宁波市统计局

分析 2017 年的偿债能力和资本结构，宁波纺织产业资产负债率为 55.21%，化学纤维制造业资产负债率最高，达 75.12%。负债中银行贷款占 34.03%，银行贷款占负债比重下降 1.1%，企业经营比较谨慎。流动资产占总资产比重为 68.64%，应收账款占流动资产比重 31.78%，上升 1.99%，主要是

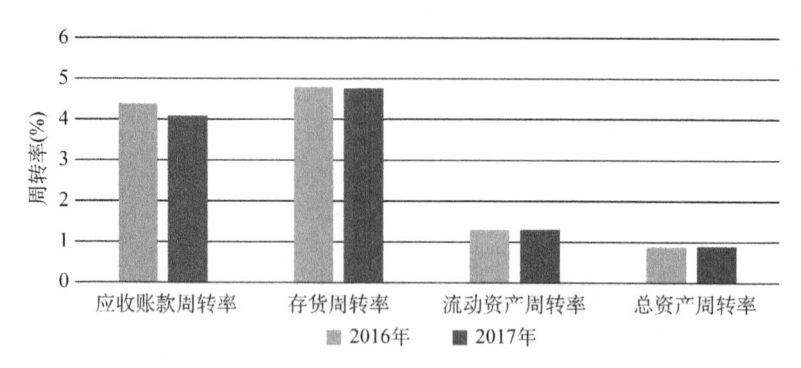

图 2-20　2016—2017 年宁波规模以上纺织服装行业运营指标及同比变动

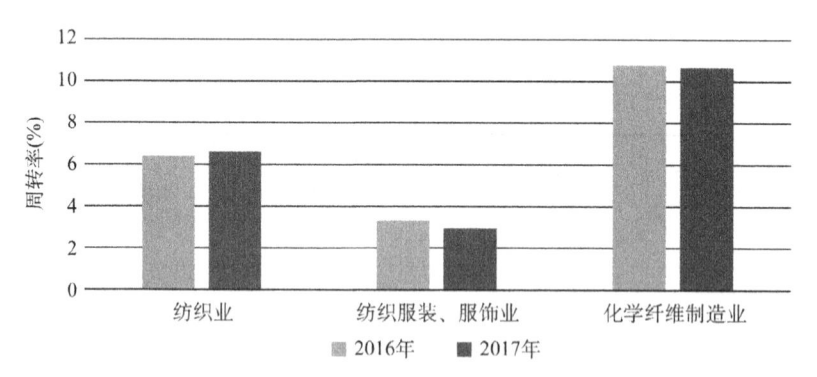

图 2-21　2016—2017 年宁波规模以上纺织服装细分行业应收账款周转率对比

纺织服装、服饰业和化学纤维制造业应收账款占比增加。产成品占比略减少。纺织服装、服饰业去库存过程中应收账款增加,周转速度下降,收款压力大(表2-19,图 2-22、图 2-23)。

表 2-19　2016—2017 年宁波规模以上纺织服装行业资产结构指标

指标分析		纺织业	纺织服装、服饰业	化学纤维制造业	合计
资产负债率(%)	本年累计	49.69	54.72	75.12	55.21
	上年同期	49.74	53.10	78.07	54.80
	增减(%)	−0.05	1.62	−2.95	0.41
流动资产占总资产比重(%)	本年累计	65.03	72.30	61.05	68.64
	上年同期	64.47	71.86	58.52	67.90
	增减(%)	0.57	0.44	2.53	0.74

(续表)

指标分析		纺织业	纺织服装、服饰业	化学纤维制造业	合计
应收账款占流动资产比重(%)	本年累计	18.83	40.93	18.90	31.78
	上年同期	19.88	37.26	16.67	29.78
	增减(%)	-1.06	3.68	2.23	1.99
产成品占流动资产比重(%)	本年累计	9.74	11.86	19.96	11.96
	上年同期	9.53	12.57	16.58	12.00
	增减(%)	0.21	-0.71	3.38	-0.05
银行贷款占负债比重(%)	本年累计	39.02	25.27	56.72	34.03
	上年同期	40.81	26.66	52.84	35.13
	增减(%)	-1.80	-1.39	3.88	-1.10

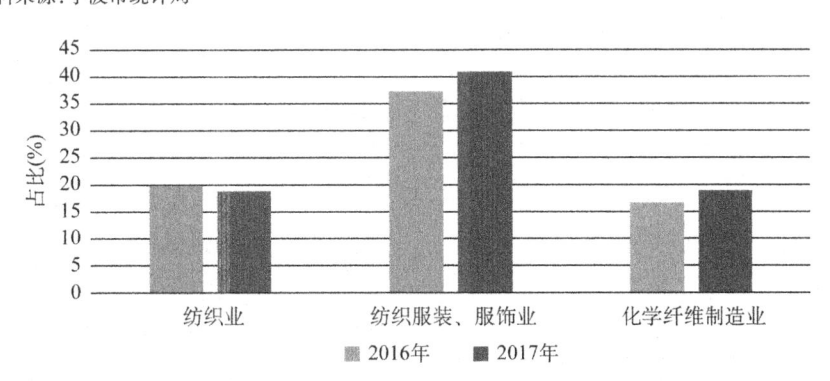

资料来源：宁波市统计局

图 2-22　2016—2017 年宁波规模以上纺织服装细分行业应收账款占流动资产比重对比

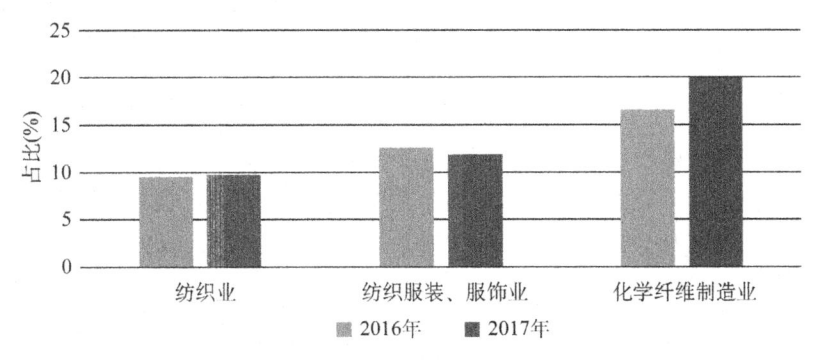

图 2-23　2016—2017 年宁波规模以上纺织服装细分行业产成品占流动资产比重对比

三、2017年宁波纺织服装产业发展亮点

（一）增长创新——内生动力

在"数字中国"战略的大背景下，宁波服装产业实现了由传统制造到智能制造、时尚产业的转变和创新。

1. 创意创新多元，产品赋新功能

科技的迅速发展，给服装带来了更多可能性。

雅戈尔的汉麻世家品牌，经过10多年的技术研发，突破了麻纤维棉性化，用这种新工艺方法开发出来的汉麻纤维，没有麻制品的粗糙、生硬感和刺痒感，却有着类似于棉的纤维长度和柔软触感，是所有麻类纤维中最软的一种，而且能和棉、莫代尔、天丝、毛等其他任何材料混纺，研制出高品质的汉麻混纺纱线，拓宽更广泛的应用市场，满足消费升级需求。2018年，预计销往欧美的汉麻纱线有1 000吨。美国石油行业更是认识到了汉麻纤维在防静电、耐高温上的独特性能，每年向中国采购500吨汉麻纱线用于制作工装。未来，环保无公害的汉麻产品将进入更多领域，衍生出更多产业和产品，诸如家装、家居、食品、化妆品、医疗、能源等，点亮绿色低碳的未来生活，与人类产生更多美好的关联。目前，雅戈尔已经在汉麻时尚（服装）应用的基础上，又成立了汉麻家装和汉麻家居事业部，准备全面发力汉麻应用市场。

马威展示的芳香系列服装，淡淡的植物香味让人神清气爽，该系列服装将植物中提取的香氛植物精油，用微胶囊技术锁定并附着在服装纤维上，运动时，附着在纤维上的微胶囊感受到身体产生的热量，就会自动破裂，释放出淡淡的香气，舒缓消费者情绪。此外，还有茶叶碳系列服装，也很有科技内涵，该系列服装原料来自台湾的日月潭红茶的茶叶渣。经过脱水、高温炭化研磨并融入纱线中，

制成的服装不但透气、蓄热,还能促进血液循环。

宁波龙升制衣的研发部门,针对健身者对运动数据把控的需求,创造性地将电子传感器嵌入运动内衣中,研发出了智能内衣。健身人员穿上该款内衣后,健身时的心率、血压、脉搏、消耗的卡路里数据,会实时传递到手机 APP 上,实现健身者对运动数据的把握,以方便他们调节膳食,合理安排健身时间和运动量,以达到最佳的健身效果。

宁波慈星股份有限公司研制的袜子鞋,让人穿鞋如穿袜。这种袜子鞋,除减震防滑鞋底外均为柔软的高弹力纺织面料,加上弹性的脚口,包裹性好、穿脱快捷、没有磨脚感。这款袜子鞋依靠慈星研发的纺织技术,电脑编程、自动加工、一体针织成型,智能质造与潮流 IP 相结合,国内首创鞋类无人智能 F2C 新零售模式——与自动出售饮料的机器类似,消费者可以选择一只单脚样鞋试穿,如觉得合适便可点击屏幕选择鞋子的款式,扫码付款后,鞋子就会落到取货区域。

2. 新技术发力,智能制造加速推进

浙江省将数字经济作为"一号工程"来抓。大数据、物联网和模块化生产是未来发展变化的趋势。智能制造的浪潮正在蔓延到各个行业,宁波传统服装产业也不例外。在市场、劳动力、品牌、品控、供应链响应能力等多方面挑战,宁波的诸多服装企业通过供应链整合、智能管理升级、系统集成提升、数据驱动生态系统等能力提升,尽快步入智能缝制 1.0 的大门,更好地应对国际化的竞争。

宁波舒普机电股份有限公司是一家服装装备企业,生产各种智能化设备。例如有一款缝纫机带有一个通讯模块与数据接口,缝机每一次针头的跳动都会被记录、上传、运算。当吊挂系统得知这些数据,就可以调整自身的运行速度,恰到好处地给工位递送物料。全自动点位机,采用相机来识别布料,不管工人把布料怎么放,只要在指定的工作框里,都能实现自动打点,效率是普通人工的十几倍。目前,舒普的年产值已经接近 4 亿元,成为宁波上升势头最为明显的服装装备企业。

浙江凌志智能科技公司的自动穿绳机、绳头打结机也是"宁波智造"。穿绳机 8 秒就能完成,提高工作效率三倍,而且操作员 2 分钟就能学会操作使用,大大降低用工成本和培训成本。绳头打结机则将原来的结绳头、打结、裁剪等 6 道工序合为 1 步,还将原来 46 秒的速度提升到平均 6~8 秒。目前该设备已经在宁波申洲针织使用,不但回收成本快而且还能提高辅料品质与稳定性,并节省工位占地空间。

宁波圣瑞思服装机械有限公司是行业内知名的智造企业，企业有整套服装生产企业所需的智能系统——智能面料仓储、辅料柜、搬运系统、悬挂系统、仓储系统、数据采集系统和企业数据集成平台7大系统，通过企业数据集成平台，企业负责人可以实时观测到企业的每一个人、小组、车间，甚至每一个产品的实时生产数据，有利于企业通过大数据分析对未来的规划走向做出精准的判断。

在2017中国服装行业百强企业名单中，雅戈尔集团股份有限公司位居第二。随着传统服装行业的升级，智能制造实力也成了企业的新动能。目前雅戈尔西服智能制造工厂正式亮相，这是全国唯一的连通了缝制和整烫的西服生产吊挂系统。全吊挂系统提高产能20%，让布料"脚不沾地"变成衣。放眼全球，即便是相对较先进的西服生产工厂，吊挂系统也只参与缝制或整烫一个流程，而使用连通了缝制和整烫的全系吊挂系统，让上衣和裤子智能配对的智能工厂，雅戈尔是第一家。通过控制系统发出指令，布料就能"知道"自己要去哪些地方做哪些事情，从裁剪完毕的零碎布料到变成一套直接可以销售的成衣，全程"脚不沾地"，都在吊挂系统上完成，从而节约了大量人、物和时间的成本。借助智能化改造，雅戈尔智能化西服精品车间实现年产西服15万套，大规模生产和定制可以全混流生产，单件定制也能做到和大批量生产一样的成本与效率。量体定制周期由原来的15个工作日缩短到5个工作日，单件定制周期缩短至2天，大规模定制生产能力由原先总量的10%增加至30%以上。

3. 结构转型且行且深化，三品战略实施显效

从"只做男装"到"时尚女装"，从"聚焦商务装、正装"到如今最懂"95后"的品牌，23年来，太平鸟这个老品牌经历了不少变化。

首先，是从传统的重资产经营转型虚拟经营。简单来说，虚拟经营模式就是以品牌、设计和营销为主要业务，上游制造外包，剥离需要大量资金、劳动力投入的制造业务；下游特许连锁，快速铺开网点。自耐克将虚拟经营带入国门之后，便被服装企业争相模仿，一代国货美特斯邦威就是靠此崛起。

其次，是从单一产品到多元服饰的转型。宁波服装制造业起步较早，恰逢当时经历1997年亚洲金融危机，很多工厂产能闲置，被当地不少品牌利用了起来。同样，制造端外包带来的产能多样化，也给太平鸟拓展女装及时尚路线打下基础。

2001年太平鸟女装成立，当时宁波还没有女装的"土壤"，在当时渠道为王的背景下，太平鸟靠着男装渠道的优势，做起了同名品牌女装，并延伸至青年装和童装。

时代的红利让一批国内服装品牌越做越大。但好景不长,随着国际品牌的进入和电商的发展崛起,太平鸟品牌开始老化。经过"门店调整""清理库存""入驻唯品会"等战术调整,太平鸟算是恢复了元气并向快时尚转型。最终在2017年1月,实现挂牌上市,成为较早从库存危机中突围的品牌之一。

从最初的男装延伸到女装、童装,再到现在主力定位年轻一代,"大龄"太平鸟几次转变都还算顺利,也证明了其对市场的应变能力和品牌管理能力。

中年人的焦虑在于被时代所淘汰,而年轻人则时常保持自我更新的能力,服饰品牌也是如此。太平鸟能在国内鞋服品牌"关店潮"中取得阶段性成功,首先在于"年轻化"这一策略。拥有保持与新生势力融合在一起的能力,才是品牌长久之道。其次,太平鸟不仅将年轻化作为品牌升级的标签,同时从品牌价值的根基上进行革新,令品牌真正年轻起来。当然,在新的营销环境中,品牌的打法同样重要,占据消费者注意力的前提是不间断地进行营销内容的创新。

太平鸟一方面通过办秀、线下活动等方式不断吸引年轻消费者的注意力;另一方面,在文化内涵和内容营销上创新引发了行业的广泛关注。此时此刻,太平鸟不止是服饰品牌,更是与年轻人沟通的媒介。

年轻化是一个不断深化的动态过程,而非一次性就能成功。让自身品牌文化不断向当代青年文化靠近,不断赢得新一代消费群体的认同,培养多个围绕着品牌的消费群体,这是品牌的长久不衰之道,也是品牌提前占位未来市场的关键所在。

4. 平台功能凸显,全产业链服务很贴心

宁波是一座历史悠久的服装名城,服装业为八大千亿级产业之一。宁波国际服装节自1997年首次举办以来,规模、品牌和国际化水平不断提升,已成为我国最具影响力的经贸文化活动之一,平台功能日益发挥重要作用。

黔西南州是宁波对口帮扶的城市之一,贵州布依阿妈电子商务有限公司借助宁波服装节去年和今年组团参展,展示黔西南民族特色的服饰和银饰、刺绣等传统手工艺品,效果很好,计划今年在宁波开一家布依阿妈线下店。

英国高定西服品牌乔治·布鲁摩,通过宁波国际服装节走进更多中国人视野,传递了品牌形象,提升了认知度,更是在展会现场累计了不少高端客户资源。通过服装节这一跳板,乔治·布鲁摩成功打入了中国市场。目前,该品牌已在北京、上海、杭州等七个城市拥有了近200位忠实客户。在这次服装节期间,乔治·布鲁摩品牌还与中国音乐剧协会宁波音乐港基地等方面进行音乐剧授权签约；而它所在的英国高定联盟业在服装节上成立了中国中心，助力英国高级定制文化与中国红帮裁缝服饰文化更好交融，成为中英高定产业合作典范。

此外，男装高峰论坛、服装智能制造高峰论坛、"服装产业＋互联网"、动漫授权与服装产业融合论坛，各服装品牌发布会、订货会，百名设计师走进服装节、服装全要素对接洽谈等活动，无不彰显服装节强大的平台功能。

经过22年辛勤耕耘，宁波国际服装节，已经走过最初高密度展位的1.0版本、采购商为主的2.0版本，到如今服务全产业链的3.0版本，宁波国际服装节对促进服装产业转型升级和国际合作、提高市民时尚文化生活品质和加快宁波名城名都建设发挥了积极性作用。

（二）商业创新——平台型企业变革

1. 雅戈尔智慧营销再塑新竞争力

新零售是大势所趋，重塑服务是这场新零售革命的核心，中国服装协会副会长单位、雅戈尔集团计划用十年时间从源头抓起，以此来增强自己的核心竞争力，计划斥资百亿用五年时间创建1 000家年营业额在1 000万元以上的自营门店，将门店打造成"O2O的体验中心、VIP的服务中心和时尚文化的传播中心"。

近几年雅戈尔引进德国HUMANSOLUTINS 3D人体扫描试衣系统，注资国内领先的3D人体大数据人工智能服务公司三体科技，推动智慧门店建设，今后每家大型旗舰店均将化身为智慧门店，综合运用3D量体、大数据、VR/AR等新科技设备，为VIP会员带去全新的购物体验。每一位VIP会员不但可以在门店通过3D量体设备自动量体，而且能在系统模拟的3D场景秀中虚拟试衣，选择最心仪的款式和面料，登录手机APP或雅戈尔官方微信下单。在订单生成后自动流转至智能工厂进行智能打样、剪裁、生产，再通过智能物流配送体系24小时送达。

雅戈尔要用智慧营销重塑渠道，用智能制造提升产业格局。平台建设是智慧营销最关键的环节。目前虽然雅戈尔已经和正在开设许多大店，但是店与平台之间是有很大差距。公司要为客户打造体验舒适的营销环境，让平台成为VIP的服务中心、O2O的体验中心、时尚文化的传播中心。

公司快速反应要体现在智慧营销的各个环节，包括对市场信息的捕捉、商品的企划设计、面料的采购加工、物流配送、售后服务等诸多方面。公司要善用先进的科技手段,利用大数据、3D量体技术、移动支付手段等方式,打破营销的时空局限,实现精准营销。

结合新零售发展趋势与企业自身状况,雅戈尔的智慧营销转型定位为做"有品牌的产品"、"有竞争力的成本"、"有快速反应的体系"、"有良好的企业平台"以及"有科技手段的投入"。雅戈尔要以自身品牌价值为依托,合理运用现代科技手段实现数字化生产,使得产品在同品质中成本最低、同成本中品质最优,打造具有竞争力的产品,并通过建立快速反应体系实现合理定价,将原料、面料到成衣的产业链全面打通,使产品最终能搭载体验良好的平台更好呈现在消费者面前。

作为雅戈尔下一步发展的重点,雅戈尔将主推其旗下品牌汉麻世家。汉麻,素有"国纺源头,万年衣祖"之称,作为东方服饰文明的重要标志之一,其在中国至少有一万年的历史。因为生长过程只需少量的水和肥料,不需用任何农药,并可自然分解,所以大麻纤维一直有着"天然纤维之王"的美称,被欧美国家誉为"人类的第二层肌肤",具有抑菌防臭、吸湿排汗、柔软舒适、耐热、耐晒、抗紫外线、抗静电等功效。据了解,雅戈尔汉麻世家主要有男女装汉麻产品,床上用品、睡衣睡裤、浴巾浴袍等家居用品,以及地毯、墙纸等家装产品。雅戈尔希望把汉麻从单一纤维逐步发展,融入多种纤维元素,把整个产业链延伸出去,在带给用户健康环保消费的同时,传递出一种全新的生活态度。

2. 太平鸟——新零售、大数据

(1) 线上线下齐开花

中国服装协会副会长单位、太平鸟服饰2018"双11"战报:截至11日24:00,实现全品牌零售额8.18亿,其中太平鸟男装单日销售额居男装品类第三名;乐町和太平鸟女装分居女装品类第七名和第八名;同时线下门店也人气爆棚,业绩媲美线上。

2018年双11,天猫第10个"双11",也是太平鸟的第10个"双11",这十年见证了电商角色转换:从销售库存到推出线上特供款,再到不断提升线上线下同款比例,如今正在尝试全渠道和新零售,以及在电商角色上进行全新的尝试和探索。

数据赋能,预测爆款的诞生,迎接下个十年的"爆款时代"。电商平台对消费人群行为变迁、消费趋势的深刻洞察,给商家提供了购买趋势分析与行业大盘数据等有效信息。

立足于大数据平台,企业可以根据消费者在平台购买、搜索相关的关键词跟产品,可以更精准、更快速去洞察消费者背后的机会点,通过专业的模型和数据系统之后整合出最优的建议,在开发款式、产品包装、内容营销上可以更好地将消费者的需求融入进去,精确人群画像,把握市场机会点。

在第10个"双11",太平鸟首次亮相2018天猫"双11"全球潮流盛典,带来DISNEYcollection by PEACEBIRD MEN X ÉTUDES 联名系列,除了抓准流行趋势,更主要的是从消费者行为的变迁,消费者的接受度着手,在选择IP合作上会立足于品牌形象,但更基本的是从消费者入手,借助大数据和天猫等多年沉淀的丰富消费者洞察来完成的创新型跨界联名产品。

多梯度的品牌矩阵和明确的品牌定位,满足不断细分、多元化新生代的消费需求,制造"爆款"效应。

践行新零售,线上线下的"双11",未来电商是各大品牌角力之地。

2017年9月20日,自太平鸟与天猫达成新零售战略合作起,便开始在品牌建设、大数据赋能、消费者运营和全渠道融合等领域开启全方位新零售战略合作。从纽约时装周的首秀和走秀款的即看即买;到搭乘天猫出海计划出海澳洲;PEACEBIRD 杭州大悦城旗舰店、超级智慧门店开业到天猫双11全球潮流盛典……太平鸟将2018年定义为新零售实践元年。

除了天猫平台,太平鸟也开启了微信电商的搜索功能,尝试基于社交场景进行的零售探索。

除此之外,太平鸟还将旗舰店作为新零售线下的试验点,通过天猫平台发券等活动,促进线下的场景互动。

今年"双11",太平鸟还与线下渠道强强联合,在购物中心渠道进行"双11""消费者沟通",给线上线下消费带来双剂"强心剂",旗下太平鸟女装在"双11"期间进行狂欢直播,将目前手淘正在主推的AR BUY+项目结合,从手淘的扫一扫入口进去扫描衣服即可观看IP动画,收集卡通图案获得店铺优惠券,将时下技术热点、IP话题、营销玩法相结合,同时将这个热点营销推广到全国12家银泰门店,在银泰的中岛处设立的PEACEBIRD WOMEN的AR体验区,线上线下同时联动,将新零售格局从销售到营销贯彻起来,使品牌形象更加立体的呈现在大众面前。同时在线下各大门店也进行同步狂欢,全渠道全品类拓宽,多渠道发力,今年太平鸟线下成绩媲美线上,"双11"成为线上线下消费者共同的狂欢行为。

今年太平鸟的可口可乐、凤凰、MTSS、迪斯尼等联名款越来越多地尝试在线上首发。做到十年，随着电商渠道数据的采集，太平鸟也一直在思考零售的回归，数据也好技术也好让效率更高，而本质还是在品牌力、商品力、营销力上做到极致。

（2）应对消费升级"以销定产"

从2015年开始，太平鸟的产品开始向时尚化、年轻化转型。产品紧跟潮流，针对"90后"、"95后"等消费群体，设计更年轻化、潮流化。而在产品转型过程中，公司面临的问题是过去的消费人群在流失。产品的新风格一定程度上冲击了老顾客，而新消费群体由于缺乏对太平鸟品牌转型后的认知有可能不愿意光顾。

但经过过去几年的转型，公司为向年轻化转型打下了坚实的基础，实现了在"阵痛"中的转型。抓住年轻消费者并不意味着公司仅在设计上转变，供应链管理上也必须要随之调整。从2016年下半年开始，公司的供应链管理调整，2017年完整地做了一年。

先从男装品牌引进TOC管理模式进行测试。

所谓的TOC管理模式，简单来说即企业根据销售情况来制订生产计划，"以销定产"模式能够突破服装公司发展的瓶颈，带来运营效率的提升。

据了解，太平鸟原先模式即是国内本土服饰企业惯用的传统手法，加盟商所有货品通过订货模式实现。但在TOC模式下，加盟商订货比例只占所需的70%～80%，其余产品通过TOC模式进行补单。

而这一点上，全球服饰公司中做得最好的是ZARA。

实现供应链实现快速反应的前提有两个：首先是公司需在销售端获取大量信息数据。了解何种尺码、款式的产品在哪一个门店销售情况好。太平鸟目前通过每周两次的产销协调会议对信息反馈进行整理确定补单产品。补单后10～14天，公司根据TOC分析结果把货分到各个加盟商门店。其次则是将供应链信息打通，未来门店的动态会直接供给供应商、加盟商，实现信息在产业链上的畅通。如此可以实现加盟商之间货品的快速流通。

太平鸟于2017年进行了线下门店的整改，新增约87家门店，同比增长14.93%。由于在消费升级的趋势下，越来越多的年轻人喜爱集购物游乐吃喝于一体的购物中心，太平鸟将更多的门店开在了购物中心，2017年购物中心门店的零售额同比增长了16.16%。而由于与天猫的深入合作，太平鸟扩大了品牌线上线下的互动，新增门店扫码购、门店自提等新业务。

(3) 加入阿里新零售　将国潮带到更远的地方

2017年,随着线上线下一体化的新零售发展大势推动,我国服装零售业以数据为驱动的新零售格局已经开启。相比于传统零售下的人货场相对独立的运营,新零售时代下的零售商几乎均以用户数据为基础,依托科技和数据连接消费者、场景、商品,来实现三者高效协同发展,最终提升零售竞争力。

太平鸟,作为流有23年本土零售服饰血脉的时尚品牌,一直拥抱变化,渴求创新,在数字化、新零售方面尝试改变。

从2008年开始布局电商,到如今入局阿里新零售,跟着天猫出海,太平鸟越来越被业界视为是创新的标杆。

目前,太平鸟持续推进线上线下全渠道融合,与天猫在新零售方面持续进行探索合作,在原先O2O项目基础上,扩大了品牌线下门店与线上零售的互动,通过商品、支付等维度打通,支持门店扫码购、门店自提等新业务;其信息中心也在不断完善"云仓"系统,目前已经覆盖全国23个省的全部自营门店及部分加盟店。

早在2017年9月份,太平鸟与阿里天猫便已达成新零售战略合作协议。双方拟在品牌建设、大数据赋能、消费者运营和线上线下全渠道融合等领域开展深入的战略合作。

之所以选择与阿里合作,主要还是基于天猫已建立的全球线上线下一体的全渠道优势和物流、支付、大数据等全方位技术能力。在太平鸟看来,出海的项目可以帮助其实现一店卖全球的商业模式,同时帮助太平鸟延展产品售卖周期和范围,让天猫店铺不再有地域的限制和季节的限制。

据悉,天猫"双11"前夕,继新加坡、马来西亚之后,"天猫出海"在lazada相继开通泰国、菲律宾、印尼等多国'Taobao Collection'站点,并通过Lazada平台及其物流、仓储、配送体系,方便当地消费者选购来自中国品牌的优质商品。在2017年的一年里,质优价美的中国国货商品已经通过"天猫出海"销往全球200多个国家地区。

3. 白鹿语——重新定义优雅时尚

白鹿语是中国年轻服装品牌的佼佼者,虽然创立至今只有两年时间,但已凭借对简约美学的独到诠释与精致优雅的时尚态度,拥有了大批忠实的消费者。在知名时尚电商平台唯品会,白鹿语的粉丝量突破120万,远远高于同类服装品牌,成交额迄今为止突破10亿元,年增长率高达700%,如此骄人的战绩,获得了国内外时尚媒体的高度关注。

关于优雅，人们有着不同的定义与诠释，它是奥黛丽·赫本依偎在门框边的婀娜倩影，是张曼玉身穿旗袍顾盼回眸时的自然浅笑，它是穿透了岁月的美丽，是一个女人毕生的向往与追求。

中国最具潜力的新晋时尚品牌白鹿语对于优雅与时尚给出了全新定义。它所带来的是一种亦动亦静的现代时尚之美，既有着荷塘月色般的淡然与恬谧，亦有着遵从内心、释放活力的个性与态度。

自然、灵动、创新、潮流，白鹿语展现着对于优雅时尚以新定义，更释放着新生时尚品牌势不可挡、朝气蓬勃的活力。自2016年创办以来，白鹿语遵从"少即是多"的简约主义设计理念，在繁复流行的流行元素中做减法，保留最经典隽永的设计点，同时严格把控高品质高效率的生产供应体系，给消费者提供极致性价比的产品。在新零售的大趋势下，白鹿语也将布局全国零售渠道，让消费者能够更容易更便捷的发现白鹿语、体验白鹿语，近距离的感受白鹿语带来的美与时尚。

白鹿语围绕"C-POP国潮出征"主题，打造国潮风暴，将带有中国文化的设计理念引向世界潮流舞台，彰显中国品牌的国际影响力，更建立起中国年轻群体的文化自信。为了呈现最佳效果，白鹿语动用了来自全球的时尚资源，聚集来自北京、杭州、澳大利亚、加拿大、美国、新西兰的时尚精英，与Nathalie Riddle、Paul Isaac、Bill Waston等国际知名的编导、造型师合作，全力打造出最具影响力的中国潮流。

白鹿语品牌的成功发布开创了中国女装品牌的全新风尚，它将中国传统以极具潮流感的方式演绎出来，它是中国潮流的新起点，亦是中国时尚的新征程！

（三）营销创新——互联网私人定制、高端定制

中国服装在零售终端渠道的变革正不断加速，而服装产业在中国消费者消费习惯不断变化的当下，转型升级的企业也层出不穷。从排浪式消费、大规模生产、以规模效应实现低成本高产量，到如今的消费需求多元化、个性化，新技术手段提升管理端、制造端、零售端的效率，足见改变传统模式已成为众多企业面对多样化竞争的优化首选，"小而美"的创新性与独特性也为服装企业带来了更多商机。

几年前，"高定"出现在大家面前并带来了消费者对定制概念的解读与需求，如今随着"高定"逐渐被时尚所认同，更多定制模式将目光从小众转向了大众消

费。宁波传统服装企业正借助"互联网+"重塑竞争力,"互联网+定制"成服装零售业新风口。

宁波旦可韵服饰有限公司始创于1993年,作为国内专注于量体定制的毛衫厂家,是我国毛衫定制行业中拥有国家注册商标的毛衫企业,旦可韵做定制生产已有30年,被誉为中国毛衫定制行业领头羊,在新环境下动作频频。2018年7月,随着企业智能化生产线的投用,旦可韵成功实现了定制"互联网+"。用大数据、智能制造打通生产、销售的旦可韵,定制一件羊绒衫的时间已从原先的一周缩短至8小时,实现了柔性生产线与大数据的融合,产能与以往相比提高了50%以上。在满足消费者个性化需求的同时,通过大数据积累下来的消费者资料,也将为企业进一步提升生产效率打下基础。

作为红帮裁缝的正统传人,罗蒙的"大数据西服"备受市场青睐。大数据的概念已逐渐渗透到罗蒙的服装版型开发之中,罗蒙运用大数据库,累计采集国人身型样本数据1 000多万个,针对不同体型专业定制,此项技术获得了国家专利,被称作为"中国舒适的服装"。通过运用大数据指引生产、设计,罗蒙不仅提升了生产效率,其设计的西服也更符合人体工程学,让消费者穿着时更加舒适有型。

中国服装龙头雅戈尔对智能化的探索和运用并不仅仅在制造端。众所周知,"在全部门店中直营店占比99%"是雅戈尔的法宝之一。2015年到2017年,雅戈尔花了30多亿元在全国的一、二线城市购买了50多个店面。外界一度调侃雅戈尔已经从服装业转行到了房地产业,其实雅戈尔正在走一步弯道超车的大棋。有良好的体验平台是新零售最关键的环节,因此在雅戈尔向新零售转身的过程中,门店将是重要的依托。

在未来,雅戈尔计划将所有旗舰店打造成为智慧门店,综合运用3D量体、大数据、VR/AR等"黑科技",让其成为实现智能营销的载体。同时发挥线下智能工厂随订随做优势,用两支"智能笔"书写属于自己的新零售成绩单。

雅戈尔智慧营销将依托与顺丰、用友等合作对接的大数据分析,筛选目标客户的位置、行为数据,规划店铺选址。公司与三体科技共同研发的人体扫描设备、试衣屏已完成,未来将通过植入3D量体、魔镜、人脸识别、智能橱窗等黑科技,以虚拟试衣、场景走秀等方式,提升消费者购物体验,为店铺引流验。与此同时,人体大数据将直接连通智能工厂,为雅戈尔的版型改进提供数据分析。

而宁波高新区索科科技有限公司发明研制的服装定制专用车,能在几秒钟完成人体体态数据提取,顾客可以在多点触控交互触模式高清液晶显示屏内自由搭配,在模拟的三维空间进行真人试穿。

四、发展中存在的问题

1. 产业贡献下降,绩效不容乐观

2017年宁波市全部规模以上企业工业总产值同比增长17.6%,而2017年纺织服装产业规模以上企业累计实现工业总产值1 157.17亿元,同比增长5.69%。宁波纺织服装产业规模以上企业工业总产值近两年增长但增速不大,全行业工业总产值仅占宁波市全部规模以上企业的7.29%,较2015年前占约10%比重下降较快。亏损企业225家,占宁波全市亏损企业18.77%。亏损面达26%,比上年上升了4%,亏损面比宁波市规模以上企业平均亏损面16%高出10%。行业全年累计完成出口交货值357.36亿元,同比下降2.07%,占宁波市全部规模以上企业出口交货值的11.99%,而宁波市全部规模以上企业出口交货值同比增长10.05%,行业出口持续3年下滑,出口增速均低于宁波市平均。

2017年宁波市规模以上纺织服装业完成销售产值1 115.5亿元,比上年增长5.1%;利润总额54.79亿元,同比下降2.79%,仅占宁波市全部规模以上企业的4.33%,而宁波市全部规模以上企业利润总额同比增长30.89%;利税总额89.86亿元,同比上升0.57%,占宁波市全部规模以上企业的4.28%,而宁波市全部规模以上企业利税总额同比增长22.46%;税金总额35.07亿元,同比上升6.32%,占宁波市全部规模以上企业的4.21%,而宁波市全部规模以上企业税金总额同比增长11.56%。总体而言,产业对宁波经济贡献下降,行业的盈利能力整体下降(表4-1～表4-3,图4-1、图4-2)。(资料来源:宁波市统计局)

表4-1 2014—2016年宁波市规模以上纺织服装行业基本情况

指　　标	2017年	2016年	2015年
企业单位数(家)	870	906	917
其中:纺织业	262	273	282

(续表)

指　标	2017年	2016年	2015年
纺织服装、服饰业	549	566	572
化学纤维制造业	59	67	63
全部从业人员平均数（人）	203 484	228 832	232 354
其中：纺织业	53 655	61 370	58 249
纺织服装、服饰业	141 407	158 492	164 520
化学纤维制造业	8 422	8 970	9 585
企业平均人数	234	253	253
资产总计（亿元）	1 289.27	1 299.49	1 223.48
负债总计（亿元）	711.83	707.56	683.41

资料来源：宁波市统计局

表4-2　2015—2017年宁波规模以上纺织服装行业产值和出口比较

项　目	2015年	2016年	2017年	
	同比±(%)	同比±(%)	数值（亿元）	同比±(%)
工业总产值	−1.82	1.02	1 157.17	5.69
工业销售产值	−1.51	0.91	1 115.55	5.10
出口交货值	−3.18	−2.33	357.36	−2.07

资料来源：宁波市统计局

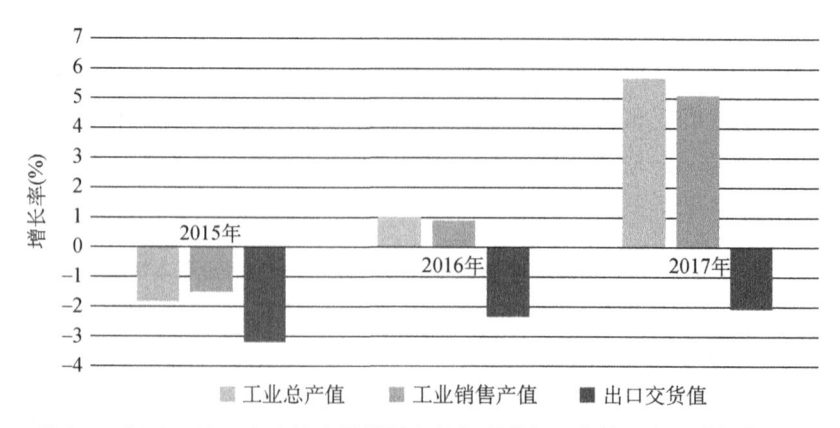

图4-1　2015—2017年宁波市规模以上纺织服装行业产值和出口增长率对比

表 4-3　2015—2017 年宁波规模以上纺织服装行业产值比较

项　目		2015 年	2016 年	2017 年	
		同比±（%）	同比±（%）	数值（亿元）	同比±（%）
纺织业	工业总产值	−3.09	6.51	347.16	6.09
	工业销售产值	−3.54	6.30	343.09	7.95
	出口交货值	−10.81	−1.25	70.73	−3.66
纺织服装、服饰业	工业总产值	−1.03	0.75	636.20	3.58
	工业销售产值	1.06	−0.54	605.20	1.68
	出口交货值	−0.64	−1.29	275.06	−2.23
化学纤维制造业	工业总产值	−2.15	−10.36	173.81	13.25
	工业销售产值	−7.28	−5.47	167.26	12.68
	出口交货值	−11.35	−31.19	11.57	13.51

资料来源：宁波市统计局

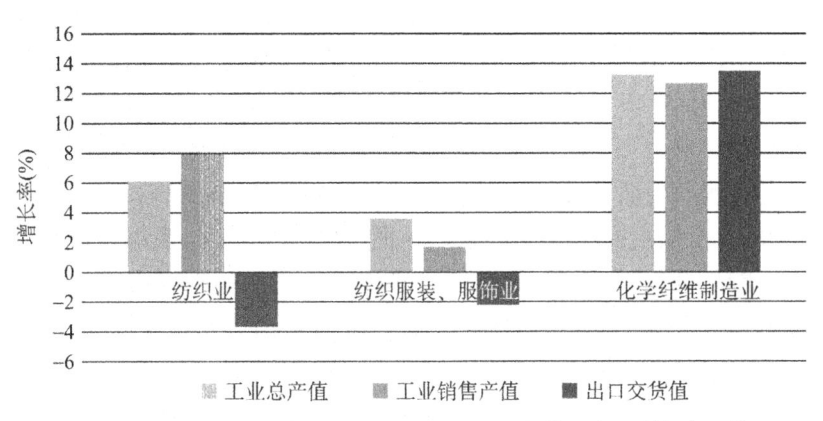

图 4-2　2017 年宁波规模以上纺织服装行业产值和出口增长率比较

3. 产业自信减退、行业高地面临挑战

在金融危机爆发、世界经济低迷、国际贸易摩擦加剧、国内经济调速换档、原材料、资金、劳动力等各种成本的上涨，营商环境不乐观，成本高企利润微薄等综合因素影响下，纺织服装产业经营业绩下降，收益减少。招工难，特别是研发设计、技术和管理人才引进和培养难；生产经营管理水平落后，浪费严重，效率和效益低下。以民营经济为主体的宁波纺织服装行业再一次走到发展的十字路口。

尽管行业内的龙头企业面临转折点时,实施了一系列的转型升级举措,并取得很好成效。但是,一些缺乏设计能力、无品牌的加工制造企业关停;一些管理方式落后企业生存困难;还有部份企业为了降低成本向内地转移工厂,最终因迁入地的产业要素不全等原因,经营未见改善;更有一些企业改弦更张,纺织服装不再是主营业务。一时间,纺织服装是落后产业、是需要转移出去的产业言论在行业弥漫充斥,宏观及中观层面缺乏前瞻性引导和企业家职业素质提升指导,产业自信减退,产业规模紧缩。

另一方面,全国范围内以纺织服装产业大省江苏、浙江、广东、山东和福建省却在十字路口大力推动产业转型升级等。

江苏是纺织服装业大省,累计获得中国工业大奖1个、中国世界名牌2个、中国名牌50多个、中国驰名商标40多个、江苏省名牌300多个;中国名牌数占全国总数的四分之一以上;连续4年产值突破万亿元大关,并持续保持全国第一。广东全省共有26 000多家服装生产企业。占全国纺织服装业的25%左右,多年来通过自身区位、技术、竞争力、特色的专业化生产区域和产业集群、充足的劳动力等优势,现已达到一定的规模,形成比较完整的产业体系。广东省是全国发展纺织产业集群较早的地区,现全省具有纺织专业化、规模化、产业化特点鲜明的产业集群达30多个,其中国家级产业集群有28个,以生产高档服装纺织产品为主体,以外向型为特征,是广东纺织服装产业集群的两个显著特点。目前为止,不管是在规模上还是技术上,在我国已经具有领先的优势。

山东省是全国主要的纺织工业大省,拥有棉纺织、印染、毛纺织、麻纺织和家用纺织制成品、针织品、服装、化学纤维、纺织机械等子行业在内的门类齐全、产业链完整的纺织工业体系。山东省的酷特(原红领集团)从大规模制造转型大规模定制、传统产品输出转型为平台和理念的输出;从组织架构上对组织进行细胞化重塑,成为全国行业内成功转型典范;迪尚集团从一个代加工的服装企业发展到现如今年产各类男女时装、针织衫、童装、休闲服等达1亿件/套,营销网络遍布亚、美、欧等,产品销往全球近一百个国家和地区的数字化制造平台型企业,走在全国同行业前列。

福建服装产业规模连续多年保持全国服装制造大省地位,仅次于广东、浙江、江苏和山东省,具有较高的知名度和影响力。产业链已涵盖了化纤、纺织、印染、针织、毛纺织、产业用纺织品、家用纺织品、服装、服饰、纺织机械、贸易、物流,形成了以福、厦、泉为代表的产业集群和基地。三是品牌影响力不断加强。通过与国内外著名服装设计师合作,福建省的七匹狼、柒牌、九牧王、利郎、劲霸等闽派服装的影响力不断扩大,商务休闲装、休闲裤、西裤、运动服、户外防护服、内衣、童装等产品的综合竞争力位居全国前列,拥有中国特色名城、名镇 17 个。特色休闲服装、运动服装、儿童服装等产销两旺。

自 2014 年以来,宁波市纺织服装产业相较浙江省及全国及江苏、广东、山东、福建等产业主要省份,其增长势头较弱。从 2014 至 2017 年主营业务收入增长比较来看,宁波市规模以上纺织服装企业增长幅度均低于浙江省及各产业大省和全国。同时,近几年内地省份如新疆、江西、湖北、河南、陕西等都在大力发展纺织服装产业。深圳、广州、厦门、泉州、杭州等区域的服装产业已从 OEM 向有自有品牌的营销渠道制造模式转型,从产业规划到人才引进、产品开发等方面业看发展势头强劲。尤其是邻近港澳的深圳和广东服装业,得风气之先,其经营模式和服装设计水平领先于国内同行,形成了独特优势。在国内纺织服装行业加快型升级的趋势下,纺织服装行业竞争日趋白热化,宁波纺织服装产业高地面临挑战。

4. 集群内协同性不足,平台能级待升

产业群集的竞争优势源于区域内大中小企业的分工协作,而宁波市各纺织服装企业专注于自身的生产制造和产品品质,未形成有效网络。大企业相对独立,自成体系。中小企业也忙于建设独立的生产与营销体系,缺少企业间的协作和提携,因此出现产品雷同,集群内的协作关系变成了竞争关系,未能形成互惠共生型、协同竞争型、资源共享型和网络化发展的良好局面。宁波纺织服装集群仍未走出"生产集群"——即基于低成本的集群,地理空间集聚,缺乏共享信息、讨论问题,企业合作有限。产业集群内部依赖于低成本竞争,缺乏专业化的服务性企业和机构,缺乏产业链联系和分工,企业之间协同不够,不良竞争削弱了集群优势。产业集群的高端是"创新集群",即基于创新的集群,技术水平和创造力高,成员之间建立基于信任的广泛、密切的社会网络。突破产业集群的生产性,加强集群内专业化分工和企业间的合作,集群内部合力和集群外部竞争力,提升产业集群能级乃是宁波纺织服装产业发展的集群的当务之急。

5. 研发设计是短板,高端产品仍欠缺

自主创新动力有待增强。高级创意设计人才短缺、行业竞争激烈、成本攀升等综合因素叠加,阻碍了企业的创新步伐。2017 年,宁波市规模以上纺织企业用于科技活动经费支出 92 894 万元,同比增长 6.42%,但研发投入强度(占主营业务收入 11 235 253 万元)比重为 0.83%,较 2016 年的 0.88% 未增反而略下降。

产业结构有待优化。宁波市纺织服装制造企业主要以传统消费领域为市场,服装、家纺及装饰面料等的研发与设计尤其是原创设计相对较为薄弱,高技术纤维和产业用纺织品发展还相对滞后,产品的品质、档次有待进一步提高,产业结构有待进一步优化。

五、推动宁波纺织服装产业智能制造的实证调研与政策建议

当前,新一轮科技革命和产业变革正在孕育成长,大数据、云计算、物联网、移动互联网等新技术发展方兴未艾,人工智能、虚拟现实等一批新一代技术又迅速登上舞台,技术的快速演变,产品的快速迭代,产业智能化呼之欲出,成为时代发展的必然趋势。2017年10月,宁波市人民政府发布的《宁波市全面改造提升传统制造业实施方案(2017—2020年)》指出,以供给侧结构性改革为主线,以促进制造业创新发展为主题,以制造业提质增效为中心,以智能制造为主攻方向,全面推进"中国制造2025"试点示范城市建设,联动推进"互联网+""机器人+""大数据+""标准化+""人工智能+"等在传统制造业领域的融合应用,不断提高传统制造业高新化、智能化、服务化、绿色化、国际化发展水平。这是对宁波传统制造产业的未来发展提出的明确要求和切实方向。据此,宁波纺织服装产业要根据新一代科技革命和产业变革趋势,结合宁波的基础与优势,以智能制造为主攻方向,探索发展新模式,培育发展新动能,塑造发展新优势,助推宁波纺织服装产业转型升级,打造宁波纺织服装产业新优势。

(一)宁波纺织服装产业智能制造的现实基础

1. 产业基础雄厚,智能制造潜力巨大

经过30多年的发展,宁波纺织服装产业形成了产业集聚化,产品多样化、品牌多元化和市场细分化的发展格局,年产值接近2 000亿元,年出口总额超过400亿元,是我国最大的服装生产基地,中国服装品牌基地和出口服装基地。宁波纺织服装产业2017年累计实现工业总产值1 157.17亿元,同比增长5.69%,占宁波市全部规模以上企业的7.29%;累计完成出口交货值357.36亿元,占宁

波市全部规模以上企业出口交货值的 11.99%。2017 年,宁波纺织服装产业的利润总额 54.79 亿元,占宁波市全部规模以上企业的 4.33%;利税总额 89.86 亿元,同比上升 0.57%,占宁波市全部规模以上企业的 4.28%。2017 年宁波市规模以上企业共实现销售产值 1 115.55 亿元,其中实现内销产值 758.18 亿元,内销产值占销售总产值 67.97%,连续三年上升。产业文化创意日趋活跃,现代服务意识日益增强。以服装为龙头的产业集成创新体系日趋完善,产业上下游融合发展加速。在大力实施"中国制造 2025"的背景下,服装企业正在探索开展机器换人、智能工厂建设,逐步向智能制造转型,具有巨大的发展潜力。

2. 智能制造初具规模,具备突破发展条件

从全市层面来看,根据统计分析,宁波两化融合走在全国全省前列。2015 年时,宁波市两化融合发展指数就达到 80.95,居浙江省第二位。全市企业关键工序数控化率达到 60.25%。行业典型应用方案广泛推广,建成了中小企业服务云、纺织服装云等产业云平台。"机器换人"广泛开展,设备的智能化、自动化水平大幅提升,数字化车间、智能化工厂初步呈现。"互联网+"新模式快速应用,个性化定制、服务型制造、上下游协同制造、网络定向营销、众创设计等新业态新模式快速涌现。

从产业层面来看,进入"十三五"以来,在纺织服装转型升级过程中,呈现出创新传统服装产业价值链,运用互联网思维,以智能制造为切入点寻求服装产业的突破与创新。2015 年的数据,宁波纺织服装产业发明专利申请数量达 2 461 件,在全市发明专利中占比 15.33%,在全国纺织服装产业发明专利中占比 6.8%;实用新型专利申请数量 729 件,在全市发明专利中占比 4.54%,在全国纺织服装产业实用新型专利中占比 5.54%。数据表明,宁波纺织服装产业科技创新和时尚设计创新在全市乃至全国有一定影响力,正将智能制造作为两化深度融合的主攻方向和产业创新升级战略的核心。

从企业层面来看,近年来,宁波纺织服装企业不断开展智能制造实践,创新、智能化,正引领宁波传统服装企业从同质化竞争中逐渐脱身,向高端商品和高附加值属性转型,展现了宁波纺织服装产业从生产制造向智造发展的创新实践,呈现出智能制造的亮点和特色。雅戈尔集团布局高端品牌定制:在前端门店运用销售 APP、大数据分析、3D 量体 MAS 系统、VR 技术、智能订单系统等开展个性化"微定制"服务,打造 VIP 中心、顾客体验中心、时尚文化传播中心,未来五年计划开出的1 000家实体体验大店,努力实现智慧营销、智慧管理;慈星股份践行全方位智能化:公司"针织品智能柔性定制平台试点示范"入选国家工信部发布2016年智能制造试点示范项目,是全国纺织服装领域3个入选项目之一,以此为契机,慈星从3D技术、一次性成衣设备、工业机器人研制、到终端产品柔性定制,搭建针织品智能柔性定制平台,用工业化流程高效生产个性化产品,进一步开拓针织服装市场,拟采用"机器人+互联网"打开成长新空间;且可韵开发"云定制"平台:在且可韵的"云定制"平台上,从客户下单到服装制作,全程可通过计算机管理来实现,通过互联网平台和自助式设计平台,采用模块化产品设计形成数据库,以柔性化的模式满足个性化需求,产品生产周期从原本的15~20天,减少到1天,生产效率提升20%,人员减少30%。太平鸟智能供应链:太平鸟集团将前台、后台以及营销渠道全部打通,通过物流基地、资金平台、IT平台、DT平台以及供应链解决方案,来实现更好的交付体验与库存管理、更短交付路径、更快服务速度为线上线下全渠道购物体验保驾护航;拇指衣橱C2F"极简模式":通过线上APP平台实现3D定制、工厂端工业4.0个性化柔性供应链生产体系、创新线下服务体验等方式,实现线上线下全渠道结合跨界,打造C2F男装个性化定制生态系统;申洲柔性供应链:作为国家高新技术企业的新材料新面料公司,申洲每年研发投入占到营业收入的4.2%以上,在纺织服装行业中处于较高水平。目前,申洲国际有十个项目被列入宁波"中国制造2025"试点项目,并建成了智能化立体仓库、无人物流系统,形成柔性供应链,做到对不同规模订单的快速反应,实现从下单、面料生产到服装出口交货期在60天的订单已经占到集团订单的45%,公司努力通过不断缩短交货期来满足客户应对市场变化的需求。

3. 产业危机意识强,内生发展动力强劲

当前,宁波纺织服装产业正处在增长速度变化、产业结构调整、发展动力转换这一关键战略期,机遇与挑战并存。面对生产要素低成本优势逐步消退,传统政策效应不断减弱;国内消费变革、消费升级诱发供需错配,市场环境发生巨大变化;国际市场持续低迷,新一轮技术变革对行业发展带来巨大冲击,产业竞争格局重塑,竞争不断加剧等危机,纺织服装产业认识到,在经历多年快速发展后,原有的要素驱动、规模发展模式难以为继,产业发展需要寻找新的驱动力,客观面对产业发展模式的动力转换。正是产业内较强的危机意识,使得创新驱动发展成为纺织服装产业发展的内在需求。因此,以智能制造为切入点的创新驱动

是宁波纺织服装产业实现转型升级的根本路径,通过创新突破带动形成新型制造范式和产业业态,进而实现服装产业链、价值链、创新链、服务链的全面协同发展,打造行业可持续发展的竞争优势。

4. 体制机制优势明显,政策红利突出

宁波是副省级城市、计划单列市、有制定地方性法规权力的较大的市,在探索发展智能经济方面具有明显的体制机制优势。宁波是国内较早实施民营经济发展体制、市场化资源配置机制和行政审批体制改革的城市,积极推进市场化资源配置和差别化产业政策相结合的各类体制机制创新尝试,走出了一条具有宁波特色的改革创新之路。同时,宁波注重发挥试点对全局改革的突破、示范、带动作用。宁波也是全国第一个系统部署智慧城市的试点城市,长期以来高度重视信息技术在各领域中的应用,先后出台了一系列政策文件,如《宁波市智能制造工程三年攻坚行动计划(2017—2019)》《宁波市推进"中国制造 2025"试点示范城市建设的若干意见》更好地为宁波市发展智能制造指明方向、提供顶层设计,并在政府、资金等方面给予企业各层次的智能化改造提供全方位的政策支持,对于促进智能经济快速发展营造了较好的政策环境。

(二) 他山之石与问题分析

2017 年 7 月至 8 月间,研究组赴山东、广东、福建、江苏、上海等地纺织服装企业,针对智能制造领域进行实地调研,采集主要企业智能制造实践模式如下,以期通过比较研究,分析宁波纺织服装产业智能制造存在的问题,提供参与借鉴。

表 5-1 纺织服装产业智能制造实践

企业名称	智能制造实践内容
山东南山纺织服饰有限公司(山东烟台)	大型精纺紧密纺面料生产基地、国内现代化西服生产基地,集智能生产与市场运营为一体,具有完善的产业链,涵盖了从澳洲牧场优质羊毛供应、精梳毛条加工到纺、织、染、整精纺体系,以及面料和高级成衣服装体系
山东如意控股集团(山东济宁)	2010 年起沿纺织产业链的前后端实施并购升级,目前在日本、澳大利亚、新西兰、英国、德国、法国等 10 多个国家拥有 20 多个海外子公司,成为品牌终端零售网络领域并购的成功范例;作为首批沿"一带一路"经济带发展的先行者,自 2013 年起启动在我国宁夏、新疆及巴基斯坦等政策密集和低成本地区新建智能制造项目,形成"优质原料+智能制造+互联网"的全产业链创新经营模式和盈利模式,超前成功实施产业转型升级

(续表)

企业名称	智能制造实践内容
青岛红领集团有限公司（山东青岛）	红领大规模定制模式。红领集团通过酷特C2M平台精准量体匹配，数据导入OMS（订单管理系统）和BOM（物料清单系统），并运用RFID技术（电子标签技术）连接整理、整烫、入库、仓储、配送等生产环节，开展红领大规模定制模式。目前，公司已拥有版型数据库、工艺数据库等相对成熟的数据库，有超过1 000万亿种设计组合和100万亿种款式组合可供选择
青岛酷特智能股份有限公司（山东青岛）	2017年6月，公司主持的"面向服装行业的大规模个性化定制应用基础性标准研究及试验验证"入选"2017智能制造综合标准化与新模式应用立项项目"，项目包括离散型智能制造、流程型智能制造、网络协同制造、大规模个性化定制、远程运维服务、智能制造新模式等内容
青岛即发集团控股有限公司（山东青岛）	2017年5月即发集团荣获"即墨市突出贡献企业"称号。近年来，即发集团充分发挥国家级企业技术中心的综合优势，外联科研院所结成"产学研联盟"，内筑三级塔形自主创新体系，依靠创新驱动、管理推动和品牌带动，坚持科技进步、技术创新、提高产品附加值，在新材料、新技术、新工艺方面寻求突破。每年实施上百项技术创新和攻关项目，新产品产值率始终保持在48%以上
山东海思堡服装服饰集团股份有限公司（山东淄博）	公司智能化发展取得阶段性成果，其研发的全球个性化牛仔定制供应链平台，完整展示了从客户定制到数据采集再到智能制造的服装生产全过程。用户可以在电脑和手机上自主设计、选择款式及3D量体体验，数据自动流转到平台后端，迅速形成用户唯一的个性化版型。同时，多领域跨界合作，以数据驱动工厂执行，服装定制周期从原有约一个月缩短到7个工作日，极大提高企业的反应速度和生产效率，实现了标准化、精细化、柔性化生产
广东爱斯达智能科技有限公司（广东佛山）	2017年6月，与武汉纺织大学等单位共同承担的"牛仔服装环境友好智能化生产关键技术开发及集成"项目通过鉴定，该技术目前正应用爱斯达"中国服装智能制造研发生产示范中心"，其开发的多面料交替自动化处理功能的激光裁剪与雕刻一体机，实现了数据化定制，并可减少1/4以上用工成本；研究开发的新型臭氧洗水工艺方案，以年产100万件牛仔服装企业为计算标准，预计每年节约耗水4万5千吨，所排出废水COD下降20%以上
福建柒牌集团有限公司（福建晋江）	2017年6月，启动柒牌"焕新行动"项目，通过"实体门店＋互联网思维"方式，为社区居民提供便捷旧衣回收O2O服务，用智能化方式倡导绿色时尚新理念
双驰实业股份有限公司（福建莆田）	加速布局智能鞋业务，钻研个性化定制，进军柔性生产和智能制造，引导公司向互联网＋升级转型。双驰目前已完成多款各具特色的智鞋产品，其中有获得红点奖、智能终端奖等多项国内外大奖的智能鞋。此外，其基于脚型测量，对接品牌商、工厂和消费者的个性化定制系统也初见雏形，在双驰旗下品牌良鞋记旗舰店，消费者只需10秒即可拿到自己的脚型测量数据，并获得基于此数据推荐的适配鞋款。测量设备误差不超过2毫米，测量只需3~5秒钟。同时，基于物联网技术、虚拟现实技术等的智能零售应用，可以实时人流量、销量，跟踪热点鞋款及虚拟试鞋等等的功能，帮助门店实现数字化、信息化管理

(续表)

企业名称	智能制造实践内容
红豆集团有限公司(江苏无锡)	2017年,红豆股份将全面推进"智慧红豆"项目建设,建立集企业信息流、资金流、物流、工作流于一体的智慧平台,带动公司经营管理的科学化、网络化和智能化,推动公司向"智慧创造运营"经营模式转型
南通泰慕士服装有限公司(江苏南通)	公司实现了智能化管理染色车间的新局面。引进自动称料和送料系统、中央控制系统,通过采用集中控制技术,由企业内网连接中央控制系统和染机,完成中央控制系统对染机、自动化称料和送料的过程控制,有效减少搬运,避免现场人工操作的失误,提高精确度,由原来1人负责两台染色机变成1人负责三台染色机,减少了用工
江苏晨风集团股份有限公司(江苏金坛)	2017年5月,公司引进广州春晓信息科技有限公司"春晓GST系统",强化晨风数据化、标准化、科学化管理,根据晨风具体需求业务逻辑推出不同版本的GST系统,将以丰富的行业经验和数据积累,协助晨风集团构建精益标准化管理体系,打造有竞争力的纺织服装生态链
长园和鹰智能科技有限公司(上海)	作为全球时尚产业互联网＋、智能制造、智能物流无缝融合的全面解决方案的专业服务商,长园和鹰三维技术开启量体裁衣新时代:采用国外先进的扫描技术,只需身着贴身衣物站在显示屏前,按下按钮就能在两三秒内完成全身扫描,瞬间获得精致人体全身模型以及200多个身体数据;3D足部扫描设备可以让鞋子定制越来越便捷,为客户定制更加合脚的鞋子。目前,长园和鹰三维人体扫描和3D足部扫描设备已经在全国500家婚纱影楼中投入使用

通过上述重点企业的走访调研,结合宁波产业实际,课题组发现,纺织服装智能制造推进的过程中也存在着诸多的问题与挑战,比如纺织行业自动化、智能化水平不高,实现自动化、智能化的底层数据采集接口尚没有统一的标准;信息化架构规划设计人才缺乏,信息化迭代更新速度较慢;信息技术在企业中的推广面不够,数据共享是目前面临的较大问题;互联网经济带来的消费行为改变、产品周期缩短、售后服务复杂化、信息技术人才匮乏等诸多因素,给传统纺织服装企业服务方式、运营模式带来了巨大压力,传统思维成为新经济运营方式转变的掣肘。

(三) 推动宁波纺织服装产业智能制造的主要举措

1. 加强顶层规划,建立产业级融合创新体系

在跨界合作、开放合作的当下,建议由行业组织牵头成立纺织服装产业智能制造工作推进领导小组,统筹协调智能制造推进工作,制定审议推进纺织服装产业智能升级的工作规划、扶持政策,协调重大问题,负责工作安排部署,加强调查研究,指导推进智能制造工作。整合纺织服装企业、智能制造软件开发运营商、相关科研机构以及行业协会资源力量,发挥"中国服装智能制造技术创新战略联盟"协同创新作用,围绕需求导向、问题导向、系统规划和融合创新方面,推进智能制造各种资源集聚、智慧碰撞以及共性技术研发,加速创新成果的产业化应用,推动服装行业的智能化发展。

2. 突出产业智能制造重点环节,明确主攻方向

大力发展装备智能化、产品智能化、生产智能化、制造方式智能化、管理智能化、服务智能化六大主攻方向,实践宁波纺织服装产业智能制造之路。装备智能化:依托自动化、数字化、智能化装备开发,提升服装加工缝制、吊挂传输、仓储分拣等装备的自动化、智能化水平,推进智能工厂建设,实现生产设备智能化。生产智能化:关键工序智能化、供应链优化管控等方面,推进智能制造单元、智能生产线、智能车间、智能工厂建设,积极培育新型生产方式。制造方式智能化:加快推进"两化"深度融合,推动互联网、移动互联网、云计算、大数据、物联网等新一代信息技术与传统制造业深度融合,引导传统制造业企业培育发展基于互联网的协同制造、个性化定制、远程智能服务等智能制造新模式。产品智能化:支持融合运动心理学、科技与时尚设计为一体的可穿戴智能产品研发与生产。管理智能化:通过大数据挖掘,快速获取、处理、分析有关产品数据、运营数据、产业链数据和其他外部数据,对产品需求预测、产品设计、柔性加工、供应链优化、市场变化应对、战略调整等提供全程的数据支持,推动企业运营从业务驱动到数据驱动的转变,实现智能经营管理决策。服务智能化:在需求端,加快服装基础数据库及有关数字化服务平台建设,推进三维人体测量、三维服装CAD、3D服装可视化及模拟技术的精准性和实用化,注意与消费者的互动体验。

3. 强化金融支持力度,精准培育产业智能制造增长极

加强产业政策与财税、金融、土地、人力资源等政策的协同,研究出台针对智能制造项目实施企业的惠企政策,从加强金融服务、财税支持、促进企业技改、完善公共服务平台、扶持成长型企业和信用体系建设等多方面,提高支持智能制造的精准度和实效性。主要举措:引导金融机构创新符合智能制造特点的产品和业务,引导风险投资、私募股权投资等支持实施智能制造企业的发展;制定智能制造专项政策,加强财政资金对智能制造软件开发运营商和实施智能制造项目企业的扶持；创新财政资金支持方式，逐步从"补建设"向"补运营"转变，提高财政资金使用效益；实施智能制造优惠税收政策，探索将智能制造纳入加计扣除的范围，切实减轻制造业企业税收负担。

4. 统筹政策设计，支持企业智能制造示范项目

在对宁波纺织服装企业实地调研中，很多企业提出在政府智能制造项目申报时，要求申报主体与项目、资金用途必须完全一致，但对最具智能制造示范效应和提升条件的集团公司而言，智能制造项目是需要集团统筹协调的一个整体的项目，但实施却在各个分公司，根据申报中所要求的一对一针对性，只能各个分公司独立申报，而导致项目各自为政，很难达到项目的预期及申报项目的落地。鉴于此，政府在制定扶持政策、项目申报要求时，需加强政府各部门间的统筹，解决企业在项目申报、实施中的实际困难，以更有效地支持企业智能制造转型升级。

5. 加强人才建设，健全服务平台，健全智能制造发展机制

一方面，加快人才管理体制改革。重点推进以企业为主体的人才管理体制、创新培养和引才机制改革，强化人才评价和激励制度，加快引进培育高层次和专业人才。强化与国内外人才高地、高等学校、科研院所的人才合作，培养和造就面向产业智能需求的高层次技术人才、高水平管理人才。另一方面，搭建信息服务平台。支持工业云服务平台建设，推进制造资源开放共享；完善面向中小微企业的信息化服务体系，推动中小微企业数字技术应用服务平台建设；支持提供智能制造整体解决方案的中介服务机构发展，培育一批既熟悉制造业生产流程，又具备信息系统集成能力和互联网思维的智能制造咨询服务企业，充分发挥咨询服务机构在发展智能制造中的作用。

注："推动宁波纺织服装产业智能制造的实证调研与政策建议"一文获宁波市陈仲朝副市长批示，发表于《宁波经济》2018年7月。

下 篇

产业发展研究专题

我们对宁波纺织服装产业发展跟踪观察、研究10年有余，不仅从产业经济、产业政策、产业规划视角进行全行业层面研究，而且对全市区域内产业区域发展动态、企业创新举措等方面进行了服务性研究，取得一些研究成果。《2017—2018年宁波纺织服装产业发展报告》甄选区域发展研究成果，共三个专题内容。

专题一　鄞州区国家外贸转型升级示范基地发展研究

根据《商务部办公厅关于组织考核认定国家外贸转型升级基地的通知》(商办贸函〔2017〕398号)文件精神,为进一步加快企业转型升级步伐,更好地为行业的发展和提高起好示范带头作用,结合鄞州区纺织服装行业的实际,对照国家外贸转型升级基地的考核条件,2017年10月成功申报国家外贸转型升级基地——宁波鄞州纺织服装基地。(因组织申报时间为2017年10月,主体资料引用数据截止至于2016年。另外,因2016年全市区划调整,鄞州区、海曙区所划范围调整前后变化较大,导致新区与原区域企业归属变化较大,部份企业资料仍以申报考察期内归属情况上报,因此,存在部份企业资料未能及时反映调整后归属区域。)

鄞州区共有纺织服装企业1 340余家,已形成了以纺纱、织布到成衣的制造链;从产品设计、品牌营销到零售经济的价值链;从互联网+、智能装备到库存控制、物流配送的技术链;从行业协会、产校联盟、产研合作机构到平台的服务链;产品涵盖男女服装、针织毛衫、家居服饰和家居用品等。产品已销往世界30多个国家和地区。2016年实现产值730亿元,进出口额29.77亿美元。从业人员达20余万名。同时拥有境外工厂、贸易公司25家、中国驰名商标16件,省级知名商标19件。特色产品省级知名品牌12件,各类授权专利3 775项,各类行业组织7家,境外注册商标已达236件。

1　鄞州区国家外贸转型升级示范基地基本信息

一、基地概况	
基地名称	国家外贸转型升级示范基地
特色产品及海关编码	服装 6203230091

(续表)

一、基地概况	
特色产品产业链及配套体系情况	通过对"国家外贸转型升级专业型示范基地"深化发展以及对基地服装产业配套的完善,目前基地内服装产业大、中、小企业共存共生,形成了从纺纱、织布、印染至成衣的制造链;从产品设计、品牌营销、渠道管理至零售终端的价值链;从互联网+、智能装备、到库存控制至物流配送的技术链;从行业协会、产校联盟、产研合作机构至专业服务平台服务链

二、基地基本统计数据及情况			
统计数据及发展情况	2014年	2015年	2016年
1. 总产值(亿元)	2 315.8	2 364.7	2 435.6
其中:特色产品总产值	764.21	733.06	730.68
2. 进出口总额(亿元)	146.47	146.93	142.73
其中:特色产品进出口总额	31.3	30.8	29.77
3. 特色产品生产企业数量(家)	1 580	1 450	1 340
4. 特色产品产业从业人员(人)	25万	23万	20万
5. 特色产品研发投入(亿元)及研发强度(%)	5.47 (0.7)	5.42 (0.74)	5.27 (0.72)
6. 创造税收(亿元)	15.59	15.33	15.30
7. 特色产业总体利润水平(%)	6	5	5
8. 与特色产品有关的公共服务平台数量、名称、类型	基地拥有综合性贸易、技术及服务性公共平台14家 ● 宁波出入境检验检疫局纺织品检测中心。宁波出入境检验检疫局纺织品检测中心是经中国国家实验室认可委员会认可的实验室,2003年被国家质检总局确定为纺织品纺织原料检测区域性中心实验室,2004年获取中国质量认证中心指定实验室资格和从事生态纺织品环保绿色标签检验资格。中心目前可向服装企业提供织物类检测、染色性能检测、纺织原料分析、纺织化学安全性能检测、纺织纤维及纱线类检测、服装成衣及功能性类检测、羽绒产品类检测等六大类110余项检测服务。中心目前拥有员工30名,2016年服务收入8 000余万元 ● 雅戈尔国家服装技术研发中心。雅戈尔国家服装技术研发中心是依托雅戈尔集团股份有限公司国家企业技术中心建立的一个开放型的技术研发中心,主要向基地内纺织服装企业提供梭织面料研发、毛纺		

(续表)

	一、基地概况
8. 与特色产品有关的公共服务平台数量、名称、类型	织后整理研发、服装辅料研发、服装设计研发等四大类服务 ● 浙江纺织服装标准情报网。浙江省唯一一个专业提供纺织服装标准情报的网站——浙江纺织服装标准情报网,是鄞州检验检疫局打造专业外贸服务平台。 ● 宁波中普检测技术服务有限公司。宁波中普检测是具有中国合格评定国家认可委员会认可(CNAS)资质的第三方检测机构,主要为为服装外贸企业提供REACH、PAHs、邻苯二甲酸酯、偶氮染料、致敏致癌染料、色牢度、拉伸强度、成分分析等项目测试服务 宁波中普检测目前拥有员工130名,2016年服务收入约9 000万元 ● 鄞创科技孵化器(国家级)、宁波市外经贸企业信息服务平台 ● 宁波市外经贸企业网上融资平台 ● 宁波WTO咨询服务中心 ● 宁波(鄞州)空港保税物流园区(B型) ● 宁波国际贸易平台常年展示中心 ● 宁波大洋进出口贸易服务中心(外贸孵化器) ● 宁波美联外贸服务有限公司(外贸孵化器) ● 宁波市外经贸培训中心 ● 中国检验认证集团宁波有限公司 ● 宁波市(鄞州)知识产权公共服务平台等
9. 与特色产品有关国家级工程中心、技术中心、重点实验室及博士后工作站数量、名称	基地拥有国家级技术中心一家、博士后工作站两家、浙江省级高新技术企业研究开发中心一家 ● 国家级技术中心一家:雅戈尔集团股份有限公司国家企业技术中心; ● 凯信服饰:国家CNAS认可实验室。凯信服饰的实验室16个检测项目,31个检测标准获得国家认可 ● 博士后工作站两家:雅戈尔集团、杉杉集团 ● 浙江省级高新技术企业研究开发中心一家:宁波雅戈尔服装工程省级高新技术研究开发中心
10. 主持和参与制定的特色产品国内外标准数量、名称及主要内容	在服装产业领域,基地共有六家企业主持和参与16项国内外行业标准制定
11. 特色产品在国(境)外自主营销网络建设情况(网络数量、名称)	截止2016年,基地企业在国外和境外设立办事处、专卖店、销售公司等30余家,累计投资25 795万美元,主要分布在美国、日本、英国、澳大利亚、意大利、新加坡、

(续表)

	一、基地概况
11. 特色产品在国(境)外自主营销网络建设情况(网络数量、名称)	法国、比利时、我国香港等地,涉及杉杉、布利杰、三邦、爱芙尔、康楠、斯迈尔、凌维、凯信、师师虎、田机、快乐风、嘉乐、斯蒂科、晶晶等15个基地内的纺织服装企业境外工厂、贸易公司等共计26家,营销额超4亿美元佳虹服饰在孟加拉国的贸易公司 凯信服饰在柬埔寨的生产基地 斯蒂科国际贸易公司在柬埔寨和越南的工厂以及贸易公司,新明达针织有限公司在柬埔寨的工厂,都芬服饰在柬埔寨的贸易公司等 ● 悦凤国际有限公司 ● 杉杉美国威克公司 ● 天机澳洲(墨尔本)专卖店有限公司 ● 布利杰阿联酋贸易有限公司 ● 甬港鸿发(香港)实业有限公司 ● 布利杰美国有限责任公司 ● (香港)凯新达实业投资有限公司 ● 爱芙尔制衣意大利米兰办事处 ● 爱芙尔制衣日本办事处 ● 新明达(柬埔寨)有限公司 ● 摩洛哥三邦公司(实业) ● 卡泽罗贸易有限公司(阿联酋) ● 香港杉杉资源有限公司 ● 香港师师虎儿童用品有限公司 ● 康楠国际贸易有限公司(法国) ● 凯诚实业有限公司(香港) ● 雷特斯公司(比利时) ● 香港千百度实业有限公司 ● 锦恒杉杉香港国际有限公司 ● JRO欧洲有限公司 ● 中国宁波斯蒂科家居服饰意大利直销公司 ● 飞云国际投资有限公司(香港) ● 杉杉资源有限公司(香港)
12. 特色产品专利数量(项)	截止到2016年,基地服装企业共获取各类授权专利3 775项,其中发明专利201件,实用新型295件,外观设计3 279项
13. 特色产品自主品牌数量	基地企业目前已经注册各类品牌1 500余件
14. 特色产品省级著名品牌数量及名称	基地拥有浙江省著名品牌12件 ● 杉杉集团有限公司:杉杉 ● 洛兹集团有限公司:洛兹 ● 宁波培罗成集团有限公司:培罗成

(续表)

一、基地概况	
14. 特色产品省级著名品牌数量及名称	● 华茂集团股份有限公司:七色花 ● 宁波布利杰集团有限公司:布利杰 ● 宁波诺布尔制衣实业有限公司:诺布尔 ● 宁波爱尔妮集团有限公司:爱尔妮 ● 宁波汉麻科技实业股份有限公司:牦牛 ● 宁波碧彩实业有限公司:碧彩 ● 宁波明光投资控股集团有限公司:人头鸟 ● 宁波康楠服饰有限公司:康楠 ● 宁波豪鹰服饰有限公司:豪鹰
15. 特色产品中国驰名商标和省级著名商标数量、名称	基地拥有国家驰名商标16件,浙江省著名商标19件 ● 杉杉集团有限公司:杉杉,注册证号842266 ● 洛兹集团有限公司:洛兹+ROUSE,注册证号1939875 ● 宁波培罗成集团有限公司:培罗成PROGEN,注册证号1697237,1660874 ● 宁波汉麻科技实业股份有限公司:牦牛,注册证号75928 ● 宁波布利杰针织集团有限公司:布利杰761480 ● 宁波爱尔妮集团有限公司:ARN+爱尔妮+图,注册证号1356038 ● 宁波明光投资控股集团有限公司:人头鸟,注册证号1477541 ● 宁波康楠服饰有限公司:KangNan+康楠,注册证号3315709 ● 宁波天羊羊绒衫总厂:草原皇+CAOYUANHUANG,注册证号1094700
16. 特色产品在国(境)外注册商标数量	至2016年底,基地内企业已经在境外注册商标236件,尤其是基地内的一些龙头企业,如杉杉的"法涵诗"商标也分别在加拿大、澳大利亚、意大利等多个国家和地区注册了商标
17. 特色产品获境内外主要认证数量及认证种类	基地累计获得国内认证874件 认证种类包括:ISO9001:2008质量体系认证,ISO14001:2004环境管理体系认证,CNAS认证,环境与职业健康安全管理体系认证,美国"WRAP"人权认证、欧盟"BSCI"等国际认证
18. 专门为特色产品产业发展服务的各类行业组织数量及名称	基地内有各类行业组织7家 ● 产校合作战略联盟 ● 与浙江纺织服装技术学院建立了产校发展战略联盟。浙江纺织服装职业技术学院是浙江省唯一一所依托

(续表)

一、基地概况	
18. 专门为特色产品产业发展服务的各类行业组织数量及名称	纺织服装行业办学的高职院校,主要向基地提供人才培养、员工培训、产品设计、技术研发、产品检测等服务 与北京服装学院建立设计人才合作平台,并成功合作举办了首届"幸园杯"地毯图案计算机设计大奖赛 与宁波市甬大教育专修学校建立了长期产校合作关系 ● 产研合作组织 与"宁波市先进纺织技术与服装 CAD 重点实验室"建立产研合作。"宁波市先进纺织技术与服装 CAD 重点实验室"是宁波市科技局于 2006 年 9 月认定的宁波市重点实验室,并于 2008 年 9 月顺利通过宁波市科技局评估,认定为"宁波市优秀重点实验室"(甬科计〔2008〕123 号),是宁波市功能纺织品研发创新团队建设单位。"宁波市优秀重点实验室"积极承担各级政府的科研攻关项目,特别是与企业横向的委托合作项目研究,走产学研结合的道路,把学科建设、科学研究、人才培养紧密结合,形成了多支跨学科、高水平的学科梯队 宁波市新型面料研发与应用协同创新中心。中心是经宁波市政府审批由浙江纺织服装职业技术学院牵头,联合中科院宁波材料所等单位建立的新型面料研发及技术创新服务体系 ● 行业服务组织 基地拥有 2 家行业服务组织,包括宁波市服装协会;鄞州纺织服装国际商会

19. 特色产品产业中的龙头企业情况(2016 年)

企业名称	企业性质	主营业务	总产值(亿元)	销售收入(亿元)	进出口额(万美元)		特色产品进出口额(万美元)		研发投入(万元)
					出口	进口	出口	进口	
宁波布利杰针织集团有限公司	其他有限责任公司	针织服装制造	6.23	5.84	10 500	—	10 500	—	
宁波凯信服饰有限公司	其他	针织服装制造	11.67	11.67	16 492	—	16 492	—	3 203
斐戈集团(宁波华艺服饰有限公司)	私营有限责任公司	纺织服装制造	13.5	12.7	18 079	—	18 079	—	267

备注:

2 基地服装产业发展状况

2.1 基地服装产业历史沿革

鄞州是享誉海内外的"红帮裁缝"的发源地,其服装产业有着非常悠久的历史。早在20世纪初,鄞州人就以缝制西服闻名。鄞州人缝制了中国第一套西装,第一件"中山装",开办了第一家西服店,编著了第一部西装裁剪书,一举奠定了宁波红帮裁缝的声誉。自20世纪70年代国家改革开放以来,鄞州服装产业经历了规模集聚、集群成长、产业转型升级等发展阶段。2011年8月15日鄞州辖区内服装产业正式成为"国家外贸转型升级专业型示范基地",基地拥有西服、衬衫、针织服装、梭织服装四大类特色产品,西服、衬衫、针织服装、梭织服装制造具有很强的产业规模和竞争优势,在全国同行业居于领先地位。

2.2 基地服装产业发展现状

2.2.1 行业地位举足轻重

鄞州是宁波服装产业的主要集聚地之一,鄞州服装产业中规模以上企业占宁波纺织服装产业三分之一,工业总产值、工业销售产值、出口交货值等经济指标均达宁波纺织服装产业的35%,是宁波市纺织服装产业主力军,鄞州是服装制造强区和品牌大区,拥有中国最大的服装生产企业和中国南方最大的服装衬料生产企业群。服装产业在国内具有相当的地位和影响力,从规模和产业层次上位于产业排头行列,是全国的重要服装出口基地、重要纺织服装产业集群。

至2016年年底,基地范围内共有服装企业1 340余家,800余家出口服装企业,规模以上企业有347家,从业人员20万。总产值730.68亿,占全区工业总产值30%;产业出口总额29.77亿美元,占全区21%;销售收入657.61亿元,占全区30%;特色产业总体利润水平5%;全行业吸纳全部从业人员平均数20万人,产业亏损面11%,比宁波市服装产业亏损面低11个百分点。

2.2.2 产业链趋向完善

从空间布局来看,基地的服装产业主要分布在南部商务区、钟公庙、下应、姜山、邱隘等镇(街道),空间呈现由南向东围绕宁波主城区的带状区域,以南部商务区、钟公庙区域、五乡镇集聚度高。从行业结构来看,机织服装制造和针织或钩织编织服装制造占鄞州纺织服装产业的大比重。从产品构成来看,鄞州区主要有服装、服装面辅料及产业用纺织品三大品类。形成了以衬衫、西服、休闲服、针织服装等为主要特色产品的集群,其中衬衫国内市场占有率在22%以上,西服国内市场占有率在16%以上,休闲服国内市场占有率在11%以上。通过对"国家外贸转型升级专业型示范基地"深化发展以及对基地服装产业配套的完善,目前基地内服装产业大、中、小企业共存共生,形成了从纺纱、织布、印染至成衣的制造链;从产品设计、品牌营销、渠道管理至零售终端的价值链;从互联网+、智能装备、到库存控制至物流配送的技术链;从行业协会、产校联盟、产研合作机构至专业服务平台服务链。

2.2.3 "两化"融合深入,制造水平领先

在市、区两级政府技改政策引导和扶持下,基地信息化与工业化融合取得了一些良好的成绩。服装业普遍实现办公系统的信息化,在生产经营中企业基本都应用了CAD、CAM、服装吊挂系统、自动裁剪设备等技术;规模以上企业普遍应用供应链管理(SCM)、生产过程管理(MES)、产品生命周期管理(PLM)、业务流程管理系统(BMPS)等信息化管理技术;先进控制技术在骨干企业中应用普及率达到90%以上,ERP信息管理系统与一系列在线监控方式的广泛使用,互联网+服装业。一些企业正在逐步将信息技术延伸,利用大数据进行市场分析,将服装设计、工艺数据、生产管理的信息化管理系统实现整合,加快了产品设计步伐,增强了快速反应能力。

在生产制造环节,生产自动化和智能化积极推进。区服装业大力引进先进设备,进行设备的智能化改造,区内规模以上服装企业95%以上装备达到国内先进水平,中小服装企业也加大投入,改造技术。企业引进整烫设备以及自动扎驳机、副扎辅助制造系统等关键生产设备,整个服装制作工序完成了现代化设备技术改造,制造水平全国领先。

产品技术研发已逐步发展为企业核心竞争力,在政策的引导和鼓励下,企业不断增加研发投入,技术改造速度加快,装备现代化和自动化水平明显提升,实现了龙头企业技术领先,带动周边企业共同发展的技术导向新模式,为产业核心竞争力和持续创新发展能力的建设提供了保障。

2016年浙江省经济和信息化委员会在参照国家工信部发布的《区域两化融合发展水平评估指标体系和评估办法》基础上,对全省11个设市区和97个县(市、区、功能区)的"两化"融合发展水平进行调查评估,发布了《2016年浙江省区域两化融合发展水平评估报告》。报告显示,鄞州区"两化"融合发展水平总指数为90分以上,居全省第一梯队。

2.2.4 国际市场多元化

宁波是全国重要的纺织服装出口基地,鄞州服装企业数及出口量均居宁波

地区首位。通过拓展产品在中东、日本、澳洲、南非、东盟、韩国、澳大利亚等新兴市场的比重不断上升,为企业稳定出口地。基地形成了以杉杉、培罗成、凯信等为代表的一批龙头型出口企业,产品市场覆盖美国、欧洲、日本、东盟、中东等世界上绝大多数国家和地区。2016年基地服装企业出口额达到了29.77亿美元,占宁波市服装产业出口的30%。以斯蒂科为代表的一批龙头企业通过走出去参股、控股国际知名品牌,基地内已经有26家企业在东南亚、美国、欧洲、日本、中东、"一带一路"沿线国家等地建立销售分公司,国际化网络建设步伐不断推进。出口企业不断提高产品出口的附加值,出口效益不断提升。

2.2.5 内销产品不断调整

与其他服装出口基地企业以出口为主的销售方式不同,鄞州服装出口基地企业在内销市场上一直占有较高的份额,2016年基地服装企业在国内市场上销售产品443.89亿元,占基地全部销售额的67.5%。依靠在国内市场上的竞争力,不断扩大产品市场占有率,推动产能扩张和品牌优势提升。利用国内市场龙头地位开拓国际市场,是鄞州服装出口基地企业在实践中探索出的一条成功之道。

鄞州基地内龙头企业多,在竞争中不断细分市场,逐步形成了各自的竞争特色。布利杰以针织T恤为主攻方向,是国内针织T恤生产行业的10强企业之一;凯信服饰主要以男女时尚服装为主题;诺布尔的针织羊毛衫是目前国内羊毛衫生产企业的主要厂家之一;培罗成集团以职业装为主要定位,为公安部等十多个国家部委以及中国远洋等近二十个大型国企提供职业装定制,是中国最大职业装生产基地;汉麻科技以衬布生产为主营业务,生产近百个衬布品种,是全国最大规模的生产销售中高档服装用衬的龙头企业;华艺服饰主打女装;斯蒂科以家居服为主要产品。市场细分的深化避免了产业集群下企业容易出现的恶性价格竞争陷阱,真正体现了集群优势和合作发展。

2.2.6 品牌建设进一步深化

鄞州区政府以推进产业发展方式转型和出口模式升级为导向,大力推进基地服装企业品牌建设,不断提高企业和产品在全国和全球的知名度和影响力,取得了一系列卓著的成绩。截止到2016年,基地拥有国家驰名商标16件,浙江省著名商标19件,宁波市知名商标4件。拥有国家级著名品牌10件,浙江省著名品牌5件。布利杰、杉杉等品牌被评为商务部出口品牌。布利杰、杉杉、洛兹等品牌被评为浙江省重点出口品牌,洛兹、新明达、康楠、惠多、华艺等6个品牌被评为宁波市重点出口品牌,洛兹、康楠等3个品牌被评为鄞州区出口名牌(见表

1-1～表 1-3)。

产品市场覆盖美国、欧洲、日本、东盟、中东等世界上绝大多数国家和地区。

表 1-1 基地企业拥有的商务部重点出口品牌

企业名称	品牌名称(中文)	品牌名称(英文)	类别
布利杰集团有限公司	布利杰	BRIDGE	服装
宁波杉杉股份有限公司	杉杉	FIRS	服装

表 1-2 基地企业拥有的浙江省重点出口品牌

企业名称	品牌名称(中文)	品牌名称(英文)	类别
布利杰集团有限公司	布利杰	BRIDGE	服装
宁波杉杉股份有限公司	杉杉	FIRS	服装
洛兹集团有限公司	洛兹	ROUSE	服装

表 1-3 基地企业拥有的宁波市重点出口品牌

企业名称	品牌名称(中文)	品牌名称(英文)	类别
洛兹集团有限公司	洛兹	ROUSE	服装
宁波新明达针织有限公司	无	无	服装
宁波康楠服饰有限公司	康楠	HKE	服装
宁波三邦日用品有限公司	无	无	服装
宁波惠多织造有限公司	惠多	HUIDUO	服装
宁波华艺服饰有限公司	华艺	AHUAYI	服装

2.3 近三年基地发展特点

2.3.1 产业发展总体平稳

在近几年世界经济不断变化、国际产业调整及科技变革,国内宏观经济减速换档、国内消费升级变革、要素成本持续攀升,国际市场需求持续低迷等复杂发展环境下,尽管服装行业由高速增长换档减速,但基地产业发展未出现较大波动,基地产业与国内其他同行业相比,可以说总体发展态势平稳。

2.3.2 发展模式转型明显,产业竞争力强

在服装转型升级过程中,外贸发展模式转型明显。一些服装企业逐渐从外贸依赖度高的"加工制造"向拥有自主品牌的"自主创造"转变。外贸出口加工企

业实现了三个转变:由单一的贴牌生产向品牌出口的转型;由单一市场向多元化市场的转型;由要素驱动向创新驱动的转型。例如:凯信企业在三年内逐渐实现了从 OEM 到 ODM 的转型,与欧美一些主要时装品牌公司如 Benetton、Bestseller、Kookai、NEXT、Massimo Dutti、C&A 等建立了长期合作关系,在中高端产品出口领域占据了稳定的市场份额。2014—2016 年中国服装协会权威发布"中国服装行业百强企业"数据显示,年"产品销售收入"前十的榜单中,基地重点企业杉杉控股公司、培罗成集团、洛兹集团均连续入围百强榜单,彰显基地企业发展稳健,市场竞争力强劲。

2.3.3 产业转型深化,时尚产业初显端倪

在产业深度转型升级进程中,时尚创意成为服装产业一个关键的突破口。2015 年 6 月,浙江省发布《浙江省时尚产业发展规划纲要》。规划主要依据浙江省现有产业基础及未来发展趋势,选择一批具有较大带动性、较快成长性的时尚产业,作为重点发展领域,时尚服装服饰业成为浙江省时尚产业发展规划之首。2015 年宁波市政府的《宁波市时尚产业名城建设规划(2015—2020 年)》亦将服装服饰业作为时尚产业重点发展领域。基地企业以时尚为关联点,依托现有产业基础,以服装服饰业、家纺家居为核心领域,以智能穿戴为新兴领域,加快产业时尚化、时尚产业化、时尚产业国际化发展,逐步形成产业特色明显、高端要素集聚、国际影响较高的时尚产业结构。例如,以生产家居服为主的宁波斯蒂科有限公司过去主要从事贴牌加工业务,在转型升级过程中,自创"斯蒂科"品牌,在欧盟、中国香港地区和中国内地注册商标,时尚家居产品远销欧美等 10 多个国家和地区。宁波华艺服饰主打女装,"斐戈"女装在国内市场打造高端女装品牌。基地产业正在构建"时尚服装服饰"与"时尚家纺家居"为核心的时尚产业结构。

3 政府制定的相关规划、实施方案、扶持政策和配套措施

宁波市、鄞州区人民政府高度重视基地发展及企业转型升级,围绕服装产业的转型升级、出口竞争力提升和出口模式转型,出台一系列政策、实施方案。

3.1 2017 年 3 月宁波市政府《关于宁波市推进"中国制造 2025"试点示范城市建设的若干意见》

政策内容:构建"3511"产业体系。重点发展以新材料、高端装备和新一代信息技术为代表的三大战略性产业,提升发展以汽车制造、绿色石化、时尚纺织服装、家用电器、清洁能源为代表的五大优势产业,着力培育形成一批新的千亿级细分行业和产业集群。

3.2 宁波市经济和信息化委员会《宁波纺织服装产业发展"十三五"规划》

规划背景:"十三五"期间是我国纺织服装产业突破瓶颈、调整结构、提升质效、向智能制造全面转型的关键期。为引导我市纺织服装企业转型升级,加快构建以时尚创意为特色,以科技创新为动力,以智能制造为基础的现代纺织服装产业体系,继续保持国际竞争力和国内领先地位,特编制本产业发展规划。

指导思想:规划以《浙江省国民经济和社会发展第十三个五年规划纲要》《宁波市国民经济和社会发展第十三个五年规划纲要》《纺织工业发展十三五规划(名称待定)》等为依据,旨在明确"十三五"期间宁波纺织服装产业发展的总体思路、目标定位、调整方向、重点项目和措施保障。规划突出延续性、技术性、引导性和建设性,是指导"十三五"时期我市纺织服装产业经济发展的规范性文件。

发展目标:"十三五"期间的总体目标是:纺织服装产业总体保持平稳发展,稳中求增长。创意和创新能力显著提升,智能制造初步成型,质量效益不断增长,制造商品牌和产品声誉明显提高。人才建设取得成效,产业结构更趋合理。特色纺织继续保持国内领先、国际有影响力地位,实现高技术纤维、功能及智能纺织品和产业用纺织品领域的新突破。

服装业发展方向:"十三五"期间,要保持我市服装在全国的龙头地位,应对多竞争压力和快速变化的生存环境。根据国务院部属的"中国制造2025"和"关于推进文化创意和设计服务于相关产业融合发展"的若干意见的精神,主动融入"互联网+"使信息化与工业化、智能化的结合,作为服装业转型重点。

今后五年的发展方向应继续培育发展自主品牌;加强服装企业的信息化建设;内外销两手抓,塑造服装制造业新优势;加紧文化创意,提升服装业内涵;构建结构合理、特色明显的服装产业群,使宁波市成为国内正装(特别是男装)、休闲装、针织服装和快时尚为特色的时时尚之都。并为高级定制的起步做好准备工作。

3.3 《宁波市加快推进产业升级行动纲要(2011—2015)》

主要内容:"十二五"期间,纺织服装、电工电器、模具、文具等传统产业重在改造提升,以提高产业层次和国际竞争力为核心,促进传统优势产业向技术自主化、产品品牌化、产业集聚化、市场全球化、服务网络化方向发展,推进传统块状经济向现代产业集群转变。力争到"十二五"末,传统优势产业实现工业总产值5 000亿元,占规模以上工业总产值25%左右。

3.4 鄞州区推进"国家级出口服装质量安全示范区建设"

立足鄞州产业实际,以服装产业集聚的镇(街道)、工业园区为重点核心区域,把示范区建设成促进外贸转型升级的平台和创新区域质量治理模式的平台、质检部门推进质量供给侧改革的平台,同时在省级(市级)示范区的基础上,创建国家级示范区。示范区建设内容包括保障体系建设、质量安全监管体系建设、风险预警和应急处置体系建设、质量诚信体系建设和公共检测服务体系建设。在示范区内,着力培育龙头企业,对于优质龙头企业给予重点培养和扶持,采取便利化的检验检疫措施。为扎实推进出口产品质量提升工作和国家级出口服装质量安全示范区建设,着力提高"鄞州制造"质量水平,区政府不断强化政策支持。

3.5 宁波市政府《宁波建设更具国际影响力的经贸合作交流中心行动纲要》

《纲要》指出,到2020年,宁波市将培育一批具有国际竞争力的企业主体,建成一批具有宁波特色的高标准开放平台,引进一批国际化高端人才,基本确立"一带一路"、长江经济带沿线地区经贸合作交流的"桥头堡"地位,基本建成具有国际竞争力的经贸合作交流中心。

3.6 中共宁波市鄞州区委 宁波市鄞州区人民政府《关于2015年全区经济发展的若干政策意见》甬鄞党发〔2015〕14号

为认真贯彻落实中央、省、市经济工作会议精神,全面打造质量新鄞州,扎实推进经济转型升级,促进区域经济又好又快发展,现就2015年全区经济发展提出如下政策意见:

加大招商引资力度。引进重大龙头项目;提高外资利用质量;加大内资引进力度。积极引导浙商、甬商、鄞商回乡投资;大力开展社会招商。对招商的机构、个人、项目和活动给予经费补助;对个人或机构成功引荐重大项目、贡献特别突出的,区政府予以统一表彰奖励。

壮大实力骨干企业。鼓励发展龙头型企业。对规模、产出、投入等达到要求的龙头骨干企业和省"三名"工程企业,择优实施"一企一策"。评选"大力神鼎""大力鼎"奖,分别给予资金奖励。

引导发展总部型企业。对引进的总部企业和总部功能机构,给予最高100万元的奖励。大力发展上市型企业。企业境内上市申报受理,首发上市后等给予奖励。

培育发展成长型企业。对成长性好、带动性强、产出率高的新引进二、三产项目、成长领军型企业和特别优秀中小微企业,经区政府批准后给予重点支持。设立企业上台阶奖,实施外贸实力效益工程骨干企业培育。

扶持发展科技型企业。实施区科技创新型企业培育"311工程"。对列入国家、省、市创新型(试点)企业的,分别给予25万元、10万元、5万元的补差奖励。

促进企业转型升级。鼓励企业加大投入。对区"5+5"产业目录中的企业技术改造投入项目,按重点鼓励类和一般鼓励类分别给予最高300万元和200万元的补助。对企业研发智能装备(关键技术)并投产的,对符合条件的"机器换人"示范企业(服务中心),对软性投入50万元以上"两化融合"项目,对符合产业导向的服务业投资类项目、非投资类平台项目,分别给予奖励或补助。

引导企业拓展市场。对企业境外投资或业务开发的,对开展离岸或在岸服务外包业务的企业,搭建中小微企业出口信用保险政府统保平台等给予奖励或补助。

支持企业节能减排。实施高污染高耗能行业节能改造、注塑机伺服改造、燃煤锅炉淘汰改造等,开展"低小散"行业整治,对符合条件的工业节能项目、循环经济项目、"十城万盏"项目,给予最补助。对分布式光伏发电项目建设给予补助;对光伏发电样板示范项目给予补助。对列入年度清洁生产审核计划并通过验收的企业给予奖励。

鼓励企业自主创新,加大企业研发投入。支持设立研发机构;积极开展科技合作;加强孵化机构建设;扶持发展科技服务。

引导企业创牌创优。支持争创知名品牌。对符合条件的新获国家出口免验、中国驰名商标(行政途径)、省名牌产品(著名商标、出口名牌)、市名牌产品(知名商标、出口名牌),分别给予奖励。对获得中国质量奖提名奖和省、市、区政府质量奖的企业,分别给予奖励。评选区出口质量奖。

鼓励实施标准制订。对企业或行业协会主持制订并确定为国家、行业、省标准的,分别奖励,参与制订国家标准的奖励;整体产品分部分制订标准的,按比例奖励。

积极推动专利发明,扶持开展工业设计。

发展电子商务产业,大力发展跨境电子商务,加快电子商务人才队伍建设。

发展特色优势产业。服装产业列为特色优势产业,给予重点支持。

加大人才引育力度。加快引进高端人才,对符合条件的海内外高端人才来鄞创业创新给予资助。加快引进和培育专业技术人才、高技能人才及紧缺急需人才。

加强人才载体建设。对建立省级、市级院士专家工作站的企业,符合条件的分别给予补差资助。对建立国家级、省级博士后工作站的企业,符合条件的给予每年科研和培养经费资助。支持企业建立企业技术创新团队、科技创新团队、教授(专家)工作室、技能大师工作室、大学生实训基地、毕业生见习基地等各类载体,并给予最高 50 万元的资助。积极发挥大学生创业园、留创园以及创业服务机构等引才聚才育才作用,推动企业技能人才自主评价试点。加大对中高端人才服务机构的扶持力度。

优化人才创业环境。对重点高层次人才,配偶就业按"双向选择为主、统筹调配为辅"原则解决,子女入学享受本区户籍居民同等待遇,由教育部门协调解决。深化高层次人才创业创新服务联盟建设,对高层次人才创业创新提供"绿色通道"服务。积极推进鄞州—驻甬高校人才科技产业合作活动。对入选的大学生创业项目,给予启动资金资助。

3.7 宁波市鄞州区人民政府《关于 2016 年全区经济发展若干政策意见》(甬鄞党发〔2016〕6 号)

为进一步促进区域经济平稳较快发展,制定《关于 2016 年全区经济发展的若干政策意见》主要内容:

加大招商引资力度。引进重大龙头项目;提高外资利用质量;加大内资引进力度;大力开展社会招商。

壮大实力骨干企业。鼓励发展龙头型企业;引导发展总部型企业;大力发展上市型企业;培育发展成长型企业;扶持发展科技型企业。

促进企业转型升级。鼓励企业加大投入;支持企业节能减排;鼓励企业自主创新;引导企业创牌创优;发展特色优势产业;加大人才引育力度。

3.8 中共宁波市鄞州区委 宁波市鄞州区人民政府《关于 2017 年鄞州区经济发展的若干政策意见》甬鄞党发〔2017〕15 号

本政策意见贯彻落实中央、省、市经济工作会议精神,大力推进经济转型升级,有效实施供给侧结构性改革,不断提高发展质量和效益,结合行政区划调整,按照"平稳过渡、突出导向、力度不变、务求实效"的原则,本政策意见既保持了政策的连续性,兼顾和吸收原鄞州区和原江东区政策亮点,防止在政策条款和奖励力度上出现较大变化,确保政策平稳过渡。政策主要内容如下:

以智能制造为重点,构建智能经济产业体系。引进重大龙头项目;做大做强主导产业;壮大实力骨干企业;培育潜力成长企业;鼓励企业加大投入;推广智能生产模式;加大两化融合力度。

围绕新产业新业态,提升服务经济发展能级;推进企业创优创牌,提高经济发展质量效益;提高科技研发投入,增强区域自主创新能力;加大企业研发投入;扶持中小科技企业;加快科技成果转化;培育发展科技服务;实施开放带动战略,加大对外经贸合作力度;大力推进招商引资;提升对外贸易能级;发展壮大服务外包打造产业发展平台,优化创业创新生态环境。

3.9 《2017年鄞州区外贸发展扶持专项资金使用管理办法》

为加快鄞州区外贸转型升级,支持外贸产业平稳健康发展,根据《关于2017年全区经济发展的若干政策意见》(甬鄞党发〔2017〕15号)、《关于印发鄞州区财政专项资金管理办法的通知》(鄞政办发〔2012〕206号)文件精神,区政府设立了外贸发展专项资金。为规范专项资金使用管理和操作程序,提高资金使用效率,特制订本办法。

3.10 人才培训方面政策内容摘要

加快引进高端人才。对符合条件的海内外高端人才来鄞创业创新给予最高600万元的资助,并给予场地补贴、培训补助、创业助理等配套扶持;对企业引进人才入选国家、省"千人计划"、市"3315计划"、区"创业鄞州·精英引领计划"或与其合作创业的,符合条件的分别给予100万元、50万元、30万元、10万元的奖励,具体按《"创业鄞州·精英引领计划"专项资金管理办法》(鄞人才办〔2014〕3号)执行。对列入计划的创业企业5年内给予总计2年,每年按入选A、B、C类分别给予最高100万元、75万元、50万元的贷款贴息。

对机构或个人推荐人才项目来鄞落户并入选国家、省"千人计划"的,分别给予30万元、15万元的奖励;项目入选区"创业鄞州·精英引领计划"创业A、B、C类及市"3315个人计划"的,分别给予推荐机构或人才使者6万元、4万元、2万元奖励。

对企业参加由组织、人社部门组织(推荐、备案)的境外招聘(培训),给予一定资助。

加大人才引进力度。鼓励引进"千人计划"人才,对符合条件的海内外高端创业人才团队按A、B、C、D四类分别给予800万元、500万元、300万元、200万元的资助;具有国际一流水平,能引领我区产业发展、产生重大效益的人才团队,实行"一事一议",并给予最高2 000万元的资金资助。对符合条件的海内外高端创新人才团队按A、B二类分别给予100万元、50万元资助;特别优秀的,实行

"一事一议",并给予最高500万元的资金资助。对企业引进人才入选国家、省"千人计划"、市"3315计划"、区"创业鄞州·精英引领计划"或与其合作创业的,符合条件的分别给予100万元、50万元、30万元、10万元的奖励。发挥海外人才工作站、人才使者等引才作用,视情况给予3~10万元工作经费。创新推动"千人计划"项目申报、评价、培育及监管的市场化运作模式,出台以市场化为导向的人才新政。

完善各类人才引育办法。制定出台新的人才工作(生活)津贴政策,按层次和类别重新明确补助对象,扩大享受范围,优化补助额度。实施《鄞州区企业实用人才评价暂行办法》,评选首批"鄞州金匠""鄞州银匠"。继续实施"青年英才"培养工程。对企业参加由组织人社部门组织(推荐、备案)的境外考察、培训、招聘,给予最高5万元的资助。加快推进企业技能人才自主评价,对符合条件的企业给予一定的培训经费补助。

加强人才载体建设。加强各类人才载体建设,对建立国家、省、市级院士专家工作站的企事业单位,符合条件的分别给予市级同等配套资助。对建立国家级(省级)学会服务站的单位给予连续3年市级同等配套资助。对建有国家级、省级博士后工作站且有在站博士后的企业,给予每年25万元的科研和培养经费资助;对出站留鄞的博士后给予30万元的安家补助。支持企业建立企业技术创新团队、科技创新团队、企业专家工作站、教授(专家)工作室、技能大师工作室、大学生实训基地、毕业生见习基地等各类载体,并给予最高60万元的资助。加大对市技能人才公共实训中心的扶持力度,提高服务水平,扩大辐射范围。

完善人才创业环境。打造人力资源服务品牌,制定出台新的人力资源服务业扶持政策,将扶持范围扩展至全业态。鼓励社会资本投身人力资源服务产业园建设,给予最高300万元的配套奖励。深入推进浙江(宁波)人力资源服务产业园区提质工程。

加快电子商务人才队伍建设。对一定规模的电商实训基地给予最高5万元的补助;对经电子商务主管部门认定承担企业电子商务人才培训的教育单位,根据培训人数给予最高20万元的补助;对区内职业高中、技校、社区学院等电子商务专业开展实践性教学,给予每个教学点最高5万元的补助。

培育服装产业专业技术人才。鼓励服装产业专业技术人才报考国际项目管理人员认证(PMP)、国际高级人力资源管理师(IPMA),参加相关培训,凭证书给予不高于30%培训费资助,资助额度最高不超过3000元;鼓励专业技术人才申请其他国际认可的专业资格,凭证书给予不高于30%培训费资助,资助额度最高不超过6 000元。

支持企业专业技术人员培训。对服装企业组织本单位专业技术人员开展中短期培训,费用较大的,一般给予不超过培训总费用20%的资助;吸收同行业对外开展培训的,适当增加资助比例。

对外经贸各类人才招聘、培训、政策推介会等活动给予一定经费补助。

3.11　市场信息方面政策内容摘要

鼓励服装企业在境外设立办事处收集市场信息。对经批准在境外注册设立贸易性公司(办事处)的企业和获外经权的企业给予奖励。

服装企业在境外设立的营销机构及网络,带动自主品牌产品出口的给予奖励。

对服装企业参加境外机构年检、年报成绩优秀的企业给予奖励。

对服装企业经市、区外经贸局确认的境外联络点给予经费补助。

安排经费用于提供境外投资信息、可行性论证、重点课题研究,组织企业参加境外考察活动补助,引进境外驻甬机构等工作。

3.12　准入标准方面政策内容摘要

推进技术标准战略。支持企事业单位或行业协会主持和参与各类标准制订。对获得"中国标准创新贡献奖"一、二、三等奖的,分别给予10万元、8万元、5万元的奖励。对承担国家、省和市专业标准化技术委员会、分技术委员会秘书处(联合秘书处)工作的,在落户年度分别给予15万元、10万元和8万元的补助。对承担省服务标准化试点示范和服务业联盟标准制订推广并通过验收的单位,给予8万元的补助。

对主持浙江制造标准制修订的,给予15万元的补助,通过认证的给予10万元的补助。对主持制订并确定为国际、国家、行业、省地方标准的,分别给予20万元、10万元、10万元、5万元的奖励;参与制订国家、行业标准的分别给予2万元、1万元的奖励;整体产品分部分制订标准的,按比例奖励。对获得国家认可委员会CNAS认可企业实验室,给予最高30万元的奖励。对开展安全生产标准化的企业,按级别给予最高10万元的奖励。

对企业或行业协会主持制订并确定为国家、行业、省标准的,分别奖励10万元、5万元、5万元;参与制订国家标准的奖励1万元;整体产品分部分制订标准的,按比例奖励。

3.13 产品创新方面政策内容摘要

加大企业研发投入。企业按当年实际发生的研发费用的150%抵扣当年应纳所得税额。对符合条件的企业R&D经费支出,给予最高50万元的补助。设立区重大产业技术创新专项,对解决产业发展关键核心问题、技术上有跨越性突破的项目,给予最高150万元的资助。按科技支撑、科技驱动和科技引领等类别对农业与社会发展科技项目进行补助。

加强研发中心建设。对新建的国家级、省级和市级企业工程(技术)中心、研发中心、重点实验室,分别给予300万元、80万元、20万元的补差资助。对新建的省、市级企业研究院,分别给予200万元、100万元的补差资助。企业近两年收购或设立国外研发机构的,给予最高100万元资助。对成功创建为国家、省、市级工业设计中心的企业,分别给予50万元、30万元、20万元的补差奖励。对注册资金100万元以上、专业人员10名以上的新办工业设计机构,按实际设备(不含辅助办公设备)投入额的20%给予最高50万元的补助。鼓励企业组织参加"和丰奖"工业设计大赛及其他知名工业设计竞赛活动,积极推广工业创新设计产品,并给予一定补助和奖励。

支持开发智能产品。对企业首次自主研发制造并经用户单位使用的智能装备,给予每台(套)最高30万元的奖励。对经认定的一、二、三等级的重点智能新产品,给予最高20万元、10万元、5万元的奖励。

3.14 质量提升方面政策内容摘要

创建国家级出口服装质量安全示范区。

鄞州区政府依托国家级纺织服装出口转型示范基地,创建企业质量管理能力强、产品质量安全水平高、自主创新能力强、产业优势突出、集聚效应明显的"国家级出口服装质量安全示范区"。落实了"中国出口质量安全示范企业""出口质量奖""国家认可企业实验室"等政策奖励,其中给予"中国出口质量安全示范企业"50万元奖励,力度为全市最大。

以智能制造为重点,构建智能经济产业体系。

壮大实力骨干企业。按照"大力神鼎""大力鼎""实力骨干企业"分类评选鄞州区百强企业,分别给予最高200万元、60万元、20万元的奖励。

培育潜力成长企业。鼓励工业企业导入先进管理模式、创新经营模式,实施效果显著的给予每家最高15万元的补助。鼓励企业创建省、市级创新型示范中小企业和管理创新试点企业,创建成功或列入培育名单的分别给予20万元、

10万元的补差奖励。设立企业上台阶奖,对工业销售收入首次达到200亿元、150亿元、100亿元、50亿元、10亿元、1亿元的企业,分别给予300万元、300万元、200万元、100万元、30万元、10万元的奖励。

鼓励小微企业上规升级。对工业销售收入首次达到2 000万元的新入库工业企业,给予8万元的奖励;被评为省、市级小升规创业之星的,分别给予10万元、5万元的奖励。

鼓励开展智能制造。对符合条件的智能制造项目,单体在5万元以上的设备(技术)且投资500万元以上,给予不超过实际投资额6%、最高300万元的补助。

加大两化融合力度。积极推动信息化与工业化深度融合,对软性投入在50万元以上"两化融合"项目,给予不超过实际投入额、最高50万元的补助。

鼓励企业管理创新。借助管理咨询机构提升管理水平,工业企业跟专业的管理咨询机构签订管理咨询合同,经评审合格后,按不超过实际支出咨询费用的50%补助给被咨询企业,最高15万元。鼓励企业创建省、市级创新型示范中小企业,创建成功的分别给予10万元、5万元的奖励。

3.15 品牌培育方面政策内容摘要

支持争创知名品牌。对符合条件的新获国家出口免验、中国驰名商标(行政途径)、省名牌产品(著名商标、出口名牌)、市名牌产品(知名商标、出口名牌),分别给予奖励。对获得中国质量奖提名奖和省、市、区政府质量奖的企业,分别给予奖励。评选区出口质量奖。

实施品牌战略。更加注重质量品牌,对符合条件的新获中国驰名商标(行政途径)、省名牌产品(著名商标、浙江制造精品)、市名牌产品(知名商标),分别给予50万元、10万元、5万元的奖励。对获得中国质量奖提名奖、省政府质量奖及提名奖、市长质量奖、区政府质量奖的企业,分别给予100万元、80万元、30万元、50万元、30万元的奖励。对新重点导入卓越绩效模式的企业,给予10万元的补助;新自行导入卓越绩效模式的企业,给予5万元的补助;新采用先进质量管理方法的企业,给予2万元的补助。对获得中国出口质量安全示范企业、市出口质量奖、区出口质量奖的企业,分别给予50万元、20万元、10万元的奖励。

对通过行政途径获得中国驰名商标,且当年实缴税金达到300万元以上的服装企业奖励100万元;对新获得的省名牌产品或省著名商标,且当年实缴税金达到100万元以上的服装企业奖励20万元;对新获得的市名牌产品或市知名商标,且当年实缴税金达到50万元以上的服装企业奖励10万元。

鼓励服装企业增加品牌建设投入。对拥有国家级品牌的企业在品牌策划运作、宣传推广等工作中,当年累计投入500万元以上的,每家给予10万元奖励,冠名鄞州的再奖10万元。

对新获得商务部、省(市)、区级"出口名牌"称号的,分别给予不超过30万元、10万元、3万元人民币奖励,同时获商务部、省(市)、区级"出口名牌"称号的,按最高奖励标准进行奖励。

对服装企业收购国外知名品牌的给予奖励。对服装企业在港澳台地区注册的商标给予补助,逐国注册的商标给予补助,按照马德里协定或类似协定进行多国注册的商标给予补助。

3.16 市场开拓方面政策内容摘要

鼓励企业"走出去"。对获批对外承包工程经营资格的企业给予5万元的一次性补助。对具有境外承包工程营业额、对外设计咨询营业额、成套设备输出额、境外资源回运额的企业,给予最高50万元的补助。对为区内企业"走出去"提供相关咨询服务的机构给予10万元的经费补助。对承担区内企业"走出去"专题培训的教育单位给予最高10万元的补助。

对在境外投资建设符合条件的产业园区,给予主办企业运营补助,单个项目最高50万元。对在境外投资建设综合性进出口贸易平台、建设公共海外仓的给予主办企业运营补助。

对企业以新设、并购、参股等形式进行境外投资,给予最高60万元的补助。对投保海外投资保险的企业给予补助。

对抱团参展、应诉,拓展国际市场的国际商会给予最高20万元的工作经费补助。

对开展离岸服务外包业务(不含嵌入式软件)的企业,按出口额给予最高50万元的奖励。对开展在岸/嵌入式软件业务的企业,按业务规模给予最高20万元的扶持。

对服务外包企业当年通过相关认证的,给予奖励。

对通过宁波市境外经贸联络处考核办法认定的企业给予5万元的补助,对通过鄞州区境外经贸联络处考核办法认定的企业给予3万元的补助。

3.17 宣传推广方面政策内容摘要

大力发展会展服务。鼓励各类机构在我区举办各类国际国内知名展会,根据展会影响力给予举办者最高100万元的补助。对市场化运作、场馆使用面积在1万平方米以上的新办展会,按场馆使用面积连续3年给予举办企业最高50万元的补助。对区域内注册的会展企业按营业额给予每500万元5万元的奖励,最高不超过50万元。对服装企业参加国外展览会,除市级以上补助外,区财政给予每个摊位不高于3 000元人民币的配套补贴。对参加由区外经贸局统一报名、组织的境内外重点展览会,根据实际情况给予一定的综合展务费补贴。

每年举办宁波国际服装服饰博览会。通过举办产品展示与交易、产业合作与交流、趋势发布与论坛等活动,使宁波成为服装生产的基地、交流的中心、发布的窗口,不断提高宁波服装产业国际国内影响力。

对企业组织参加经相关部门认定的展会、节庆、培训、招聘、推介等境内外活动的,给予一定补助。

3.18 救济应对方面政策内容摘要

对积极应诉,参加"两反、一保"等国际诉讼的服装企业,给予40%的律师费补助,补助额度不高于20万元人民币。

支持服装国际商会建设,对抱团参展、应诉,拓展国际市场的服装国际商会给予不高于20万元人民币的工作经费支持。

对服装企业投保出口信用保险,按照当年度实际支出保费给予不高于10%的补贴,每家服装企业补贴额度不高于30万元人民币。

3.19 贸易便利方面政策内容摘要

成立市外贸便利化工作小组,建立联席会议制度、专题会议制度和日常工作制度,工作小组成员单位按照提供贸易便利、改善口岸环境、服务企业经营、促进外贸发展的原则,在部门职责范围内承担相应工作任务。对企业提出的外贸便利化问题,涉及工作小组成员单位各自职责的,应在10个工作日内办理完成并予反馈,同时报工作小组办公室。涉及两个或两个以上单位的,由工作小组办公室牵头召开专题会议,在20个工作日内协调处理完成并予反馈。涉及全局性、重大性问题的,提交工作小组联席会议研究决定。

海关:对申请自理报关单位(进出口收发货人)注册登记的企业,材料齐全的,海关在3个工作日内完成审核,并办理注册登记证书。实行集中申报、集中管理模式,对进出境船舶实行365天全天候通关作业。对单证资料齐全、查验货物已运至指定查验地点的、能够开始实施查验并当场确定查验结果的,在查验开始后1个工作日内完成查验操作。对于已正常结关的报关单,海关自受理企业申请后3个工作日内完成电子签发,并在签发后3个工作日内完成打印、签章等。

国检局：对申请自理报检单位备案登记的企业，材料齐全的，当场完成审核并发放报检单位备案登记号，并在 5 个工作日内颁发备案登记证明书。对程序合法、单证齐全的进出境货物及包装物、运输工具等报检申请，在 1 个工作日内完成受理，提高工作效率。对诚信 A 类企业，优先推荐出口免检、提升分类管理等级、减少抽查、检测项目及频次、推荐国外注册；对绿色通道企业，享受免于口岸查验的便利；对直通放行企业，实行便捷高效的检验检疫放行方式。

外经贸局：外贸经营资质备案登记，自收到符合要求的申请材料之日起 5 个工作日内办理完成。加工贸易业务批准证及变更证明、保税进口料件内销批准证、生产能力证明、不作价设备批准证。自收到符合要求的申请材料之日起 3 个工作日内办理完成。

国税局：对出口退税业务，在申报材料齐备的情况下，力争在 30 个工作日内完成。

4 基地产业发展成效

在各级政府的联合推动下，鄞州服装出口基地内企业在产品出口、品牌建设、技术创新、规模发展等方面取得了很大的成效，出口竞争力明显提升，产业转型升级明显推进。

4.1 产值、出口额均增，经济效益提升

自 2011 年 8 月 15 日鄞州区服装产业正式成为"国家外贸转型升级专业型示范基地"以来，区政府高度重视基地发展，出政策、给资金、解难题扶持基地企业转型升级，企业不断自主创新，至 2016 年，基地产业总产值、出口额均显著增加。总产值 2016 年比 2010 年扩大一倍，出口额 2016 年比 2010 年增长 31.1%。

4.2 外贸方式调整，国际化程度提升

国际市场是基地服装产业主要目标群体。2016 年，基地服装企业出口额达到了 29.77 亿美元（表 1-4）。基地内有杉杉、培罗成、凯信等为代表的一批龙头型出口企业，还有以斐戈集团（宁波华艺服饰有限公司）为代表的 OEM 转型升级企业，产品市场覆盖美国、欧洲、日本、东盟、中东等世界上绝大多数国家和地区。

鄞州区政府以推进产业发展方式转型和出口模式升级为导向，引导基地企业"走出去"，通过走出去参股、控股国际知名品牌，并进行反向贴牌等方式不断提高产品出口的附加值，出口效益水平不断提高。在"走出去"、"一带一路"倡议

表 1-4　2010 与 2016 年基地服装产业总产值、出口额统计

年度 项目	总产值(亿元)	出口额(亿美元)
2010 年	347.65	22.7
2016 年	730.68	29.77

实施下在国外建设产业园区,境外投资加速增长,产业国际化程度日益提升。到目前,共有境外工厂、贸易公司等共计 26 家,营销额超 4 亿美元,其中 2014—2016 年新增境外服装企业 4 家(表 1-5)。

表 1-5　2014—2016 年新增境外服装企业

序号	境外企业	投资国别	总投资(美元)	中方投资(美元)	中方投资单位	所属部门	审批日期
1	斯蒂科(柬埔寨)制衣有限公司	柬埔寨	500	500	宁波斯蒂科国际贸易有限公司	下应街道	2014.4
2	越南槟椥西更玛工业有限公司	越南	3 000	300	宁波杉杉实业发展有限公司	首南街道	2015.9.29
3	宁波新明达针织有限公司	柬埔寨	900	900	宁波新明达针织有限公司	五乡镇	2014.3
4	宁波新明达针织有限公司	越南	300	300	宁波新明达针织有限公司	五乡镇	2014.10

4.3　技术装备全面升级,自主设计开发

在浙江省、宁波市、鄞州区等各级政府的大力推动下,基地企业借助电子信息、生物工程、新材料等高新技术产业发展成果,不断推进服装产业信息化、智能化发展,应用高新技术对传统工艺进行改造,实现各生产工序的连续化、自动化和产品高质化。在制造装备、产业应用技术等方面都取得了大幅度进展。服装产业整体技术水平在国内处于领先地位,部分领域已经实现了国际领先。

装备技术领先。基地区许多服装企业积极引进国际上最先进的电脑排料、自动摊布、自动生产、立体熨烫、自动包装生产线。基地内 95% 以上重点服装生产企业的关键技术装备已达到国际先进水平。

面料技术自主研发。近几年来,鄞州服装出口基地在汉麻、布利杰等龙头企业的带领下,引进高档服装面料生产线,研发设计新型面料和辅料,积极发展功能性纺织面料的特种整理与研发,面料技术水平实现了实质性的提高。

设计技术全面提升。近几年来,鄞州服装出口基地企业将产品设计与品牌推广结合起来,以龙头企业和专业品牌运营机构的培育为抓手,引进国内外服装设计、推广、运作机构,培育集聚型、专业化、高档次的服装设计运营企业,全面提升基地服装产业的设计技术水平。

4.4 "两化"融合深入,工业化、信息化水平领先

近几年来鄞州区政府启动"服装中小企业信息化改造工程",投入资金支持和引导服装企业加大信息化建设力度,提高企业管理效率。目前基地企业在生产、设计、产品开发方面,纺织CAD,包括机械零件、提花纹织、印花图案、电子测配色等,已得到普遍推广应用。在生产管理方面,大力推广各种生产过程的信息化管理,明显提高了加工质量和生产效率。企业管理过程信息化特别是专项管理推广面较大,营销过程信息化在集团企业和拥有连锁零售业的生产企业效果明显。

2016年浙江省经济和信息化委员会在参照国家工信部发布的《区域两化融合发展水平评估指标体系和评估办法》基础上,对全省11个设市区和97个县(市、区、功能区)的"两化"融合发展水平进行调查评估,发布了《2016年浙江省区域两化融合发展水平评估报告》。据报告显示,鄞州区"两化"融合发展水平总指数为90分以上,居全省第一梯队。

"互联网+纺织服装公共技术服务平台"建设成效突出,2014年底,鄞州检验检疫局打造的"浙江纺织服装标准情报网"由于在促进企业对外贸易发展中表现突出,被评为"宁波市外贸公共服务平台"。

4.5 品牌建设持续推进

大力推进基地服装企业品牌建设,不断提高企业和产品在全国和全球的知名度和影响力,取得了一系列卓著的成绩。截止到2016年,基地拥有国家驰名商标16件,浙江省著名商标19件,宁波市知名商标4件。拥有国家级著名品牌10件,浙江省著名品牌5件。布利杰、杉杉等品牌被评为商务部出口品牌。布利杰、杉杉、洛兹等品牌被评为浙江省重点出口品牌,洛兹、新明达、康楠、惠多、华艺等6个品牌被评为宁波市重点出口品牌,洛兹、康楠等3个品牌被评为鄞州区出口名牌。

4.6 产品出口质量安全度高

为扎实推进出口产品质量提升,着力提高"鄞州制造"质量水平,鄞州区政府不断强化政策支持。将出口检验检疫政策已纳入《鄞州区经济发展政策实施细则》,落实了"中国出口质量安全示范企业""出口质量奖""国家认可企业实验室"

等政策奖励,其中给予"中国出口质量安全示范企业"50万元奖励,力度为全宁波市最大;大力推进"质量强区"建设,5项检验检疫指标已纳入"质量强区"考核。在信息互通、联合执法、品牌培育等方面加强合作,凝聚质量共治合力;积极培育示范企业,连续4年开展全区"出口质量奖"评选;大力支持企业参评"中国出口质量安全示范企业"、"信用管理AA级企业"和宁波市"出口质量奖"。宁波凯信服饰股份有限公司被评为中国出口质量安全示范企业。

4.7 环境友好持续推进

推进企业节能减排。节能环保、环境友好是产业转变发展方式的主攻方向之一,也是行业生态文明建设的重要内容。基地服装产业节能环保技术推广应用取得明显成效,环境友好持续推进。

节能用水装备技改:引进节能型的先进设备进行技术改造。重点企业从日本引进后整理关键装备——液氨丝光机,实现液氨回收循环利用,液氨回收率在99%以上。生产过程中采用无水工艺,消除废碱排放,减少污染;利用清洁新能源低硫水煤浆锅炉替代重油锅炉,减少二氧化硫排放40%以上;对染色废热水余热回收优化,染纱、染整冷却水回收优化以及空压机冷却水改造等,节能减排效果十分显著。

先进生产工艺技术采用:企业采用冷扎堆染整新工艺,与传统前处理工艺比,不仅节汽99%,节电60%~80%,节水40%~60%,还降低了污染物的排放,并使生产效率和产品合格率有所提高。此外,许多企业还实施生产技术、工艺等方面的不断改进,如采用小浴比、短流程等先进生产工艺,提高生产效率,降低用水总量和能耗。

清洁生产建设:企业积极实施ISO14000环境管理体系,投入资金用于建设清洁生产,使公司环境管理迈上新台阶,并在节能降耗和减污增效方面取得了明显效益,建立环保模范(绿色)工厂。

5 基地特色产业发展环境

5.1 基础设施和配套产业日益完善

在基地产业集群内,工业园区建设是一大特色,是政府扶持当地服装产业发展的一大举措。为了促使广大服装企业由劳动密集型逐步向资金、技术密集型过渡,基地建立了鄞州工业园区、鄞州投资创业中心、滨海投资创业中心等园区,各园区设施齐备,为产业发展在空间上、基础设备上提供保证。基地建立商部商务区、长丰开发建设委员会、轻纺城等相应的服装商贸配套产业,利用每年"宁波国际服装博览会"开展服装、服饰展览,面辅料展览,与东华大学、浙江纺织服装职业技术学院合作的品牌设计、研发中心服务平台也得到迅速发展。基地的产业基础设施和配套产业日益完善。

5.2 公共服务多样化

构建产业集群公共服务平台,是加快产业集聚、培育产业集群的重要保障措施,也是政府推动产业集聚、培育产业集群的着力点。基地产业集群不断完善公共服务平台建设,着力优化产业集群发展的软环境,为广大中小企业提供产品研发、质量检测、信息化、现代物流电子商务和培训等服务,提升中小企业的技术开发和企业管理水平,使平台真正成为整合、共享、服务、创新的实践基地,进而推动产业集群的优化升级。

基地拥有综合性贸易、技术及服务性公共平台14家。

宁波出入境检验检疫局纺织品检测中心。宁波出入境检验检疫局纺织品检测中心是经中国国家实验室认可委员会认可的实验室,2003年被国家质检总局确定为纺织品纺织原料检测区域性中心实验室,2004年获取中国质量认证中心指定实验室资格和从事生态纺织品环保绿色标签检验资格。中心目前可向服装企业提供织物类检测、染色性能检测、纺织原料分析、纺织化学安全性能检测、纺织纤维及纱线类检测、服装成衣及功能性类检测、羽绒产品类检测等六大类110余项检测服务。中心目前拥有员工30名,2016年服务收入8 000余万元。

雅戈尔国家服装技术研发中心。雅戈尔国家服装技术研发中心是依托雅戈尔集团股份有限公司国家企业技术中心建立的一个开放型的技术研发中心,主要向基地内纺织服装企业提供梭织面料研发、毛纺织后整理研发、服装辅料研发、服装设计研发等四大类服务。

浙江纺织服装标准情报网。浙江省唯一一个专业提供纺织服装标准情报的网站——浙江纺织服装标准情报网,由鄞州检验检疫局打造专业外贸服务平台。

宁波中普检测技术服务有限公司。宁波中普检测是具有中国合格评定国家认可委员会认可(CNAS)资质的第三方检测机构,主要为服装外贸企业提供REACH、PAHs、邻苯二甲酸酯、偶氮染料、致敏致癌染料、色牢度、拉伸强度、成分分析等项目测试服务。宁波中普检测目前拥有员工130名,2016年服务收入约9 000万元。基地内还有以下平台提供公共性服务。

鄞创科技孵化器(国家级)、宁波市外经贸企业信息服务平台;

宁波市外经贸企业网上融资平台;宁波WTO咨询服务中心;宁波(鄞州)空港

保税物流园区(B型);宁波国际贸易平台常年展示中心;宁波大洋进出口贸易服务中心(外贸孵化器);宁波美联外贸服务有限公司(外贸孵化器);宁波市外经贸培训中心;中国检验认证集团宁波有限公司;宁波市(鄞州)知识产权公共服务平台等。

6 基地主要企业名单及整体经营状况

6.1 主要出口企业基本经营情况

鄞州区是宁波服装产业的主要集聚地之一,是服装制造强区和品牌大区,拥有中国南方最大的服装衬料生产企业群。现对鄞州区部分主要服装出口企业经营状况作简要介绍:

1. 宁波布利杰针织集团有限公司

布利杰集团35年的针织服装生产历史,使其成为国内领先的针织服装生产商之一。集团坐落于宁波、宝应、盱眙的三大服装生产基地全部配套目前世界先进水平的织造、染整、成衣生产设备。300多名拥有良好专业知识及实践经验的外贸业务人员组成强大的销售团队为全球主流市场提供服务,年出口创汇达1.8亿美元。另外,企业为每一位客户安排独立的业务团队来为其提供最优质的服务,从打样—生产—物流,都会由专业团队来完成。因此布利杰成为国内最具活力的服装制造商之一。

布利杰垂直一体化运作模式保证了服装生产过程的每一步骤均能达到最高质量,从而保证了布利杰集团在制衣方面的不断提高与完善。布利杰为世界很多知名品牌提供成衣制造服务(ADIDAS、CONVERSE、DISNEY、C&A、REEBOK等)。

布利杰一直注重道德诚信、创造性和进取精神,他们始终相信只有客户的成功才能带领企业走向成功。

宁波布利杰集团有限公司2014—2016年度各项经济指标如表1-6所示。

表1-6 宁波布利杰集团有限公司2014—2016年度各项经济指标

指标 年份	2014年	2015年	2016年
总产值(万元)	62 451	72 827	62 226
销售额(万元)	63 603	72 549	58 374
利税总额(万元)	−1 607	2 355	6 933

(续表)

年份 \ 指标	2014 年	2015 年	2016 年
出口总额(万美元)	13 900	11 400	10 500
出口比例	99.1%	99%	99.3%
研发投入金额	—	—	—
员工人数(人)	498	481	472
主要出口国家及比例	北美 37%、欧洲 28%、亚洲 25%、大洋洲 9%、其他 1%		

2. 宁波凯信服饰股份有限公司

宁波凯信服饰股份有限公司(Kashion Industry Co., Ltd.)是一家集时装设计与开发,生产与销售为一体的综合型企业。公司自成立以来一直致力于时尚女装业务的发展,坚持以设计开发为导向,建立有完整的供应链管理体系。为欧美等地区近百家国际知名时尚服装品牌提供设计开发和生产服务,在时装领域占据了一定的市场份额。

公司主要由设计营销中心、供应链管理中心、生产工厂及相关职能部门组成,现有员工近 2 000 人,2016 年实现销售超 10 亿元人民币。公司已获得 ISO9001/ISO14001/OHSAS18001 质量、环境与职业健康安全管理体系认证证书,并连续多年荣获地方政府部门颁发的"自营出口先进企业奖"、"安全文明生产单位"和"市绿色环境保护单位"等奖项。

公司坚持以设计开发为导向,逐步建立起完整的供应链管理系统,在三年内逐渐实现了从 OEM 到 ODM 的转型,与欧美一些主要时装品牌公司如 Benetton, Bestseller, Kookai, NEXT, Massimo Dutti, C&A 等建立了长期合作关系,在中高端产品出口领域占据了稳定的市场份额。宁波凯信服饰股份有限公司 2014—2016 年度各项经济指标如表 1-7 所示。

表 1-7 宁波凯信服饰股份有限公司 2014—2016 年度各项经济指标

年份 \ 指标	2014 年	2015 年	2016 年
总产值(万元)	106 851	116 812	116 699
销售额(万元)	107 866	113 561	116 697

(续表)

年份 \ 指标	2014年	2015年	2016年
利税总额(万元)	5 805	6 565	-1 587
出口总额(万美元)	16 998	17 341	16 492
出口比例	95.89%	94.89%	93.58%
研发投入金额	3 660	3 689	3 203
员工人数(人)	2 000	1 980	1 860
主要出口国家	荷兰、法国、德国、意大利、比利时、丹麦、英国等		

3. 浙江洛兹股份有限公司

浙江洛兹股份有限公司是国内服装界具有较大规模和影响力的现代化股份制民营企业之一，集系列服装设计、开发、生产、销售和外贸经营于一体，公司连年跻身全国销售、利税双百强服装企业行列，名列全国服装行业"产品销售收入"百强企业，洛兹衬衫系中国名牌产品，市场占有率连年稳居全国前茅。"洛兹"系列服饰遍销全国辐射海外，企业形象良好、品牌信誉卓越。集团坚持"以人为本"的发展理念，通过聘请国际水准的设计大师挂帅集团设计中心，不断引进一流的西服样板师和工艺师及内、外贸经营管理人才，形成了一支高素质的设计、经营、技术队伍。集团坚持"科技先导"的生产理念，生产设备精良。按照国际一流标准，投巨资引进德国、意大利、日本的先进设备，组织成性能优异的高级西服及各类服饰生产流水线。目前具有年产衬衫500万件、西服80万套和其他服饰100万件(套)的能力。严格贯彻ISO9001:2000质量管理体系，确保产品的一流品质。洛兹制衣实业有限公司2014—2016年度各项经济指标如表1-8所示。

表1-8 浙江洛兹股份有限公司2014—2016年度各项经济指标

	2014年	2015年	2016年
总产值(万元)	121 201	138 343	144 804
销售额(万元)	121 201	138 343	144 804
利税总额(万元)	7 500	8 500	8 800
出口总额(万美元)	1 500	1 700	1 800

(续表)

	2014 年	2015 年	2016 年
出口比例	8.6%	8.4%	8.5%
研发投入金额	300	300	200
员工人数（人）	2 226	2 656	2 720

4. 宁波新明达针织有限公司

宁波新明达针织有限公司成立于2002年，占地面积12万多平方米，位于宁波市鄞州区，是一家集织造、染整、绣花、印花、制衣等生产和贸易于一体，拥有十多家生产制造基地和三家大型专业外贸公司的综合性针织服装企业集团，是宁波最早生产出口针织服装和具有外贸进出口权的大型企业。公司拥有各类进口缝纫生产设备2 500余台、针织大圆机110台、染整设备180多台/套、电脑绣花机40台；具有年产针织服装1 500万件、针织坯布20 000吨的能力，主要生产经营各类T恤衫、运动服、童装、棉毛衫裤、绣花外衣等针织服装和针织坯布，产品远销美国、加拿大、日本等三十多个国家和地区，公司与许多国际品牌有广泛的交往和紧密合作，如NIKE、GAP、DISNEY、ADIDAS等。宁波新明达针织有限公司2014—2016年度各项经济指标如表1-9所示。

表1-9　宁波新明达针织有限公司2014—2016年度各项经济指标

	2014 年	2015 年	2016 年
总产值（万元）	61 562.8	66 226	649 035
销售额（万元）	575 496	641 823	59 0621
利税总额（万元）	3 525.3	2 066.5	1 727.8
出口总额（万美元）	43 320 万元	49 227.6	58 198.7
出口比例	70.34%	77.4%	93.9%
研发投入金额			
员工人数（人）	367	318	390
主要出口国家及比例	美国55%，欧盟35%，其他国家10%		

5. 斐戈集团（宁波华艺服饰有限公司）

斐戈集团位于中国宁波，是一家集品牌管理、服装制造、进出口贸易、国际物流和金融投资于一体的综合型集团公司,旗下拥有六家全资子公司。2016年集团销售总额突破2.5亿美元。2020年争取销售总额达到5亿美元。

1992年,斐戈创建。如今的斐戈集团已拥有员工800余人,并拥有浙江宁波、江西抚州两大基地,以"OEM、ODM、OBM"多种方式,设计、研发、制造和销售各类女性时装、运动服装、休闲服装、家居服装、工作服装及学生服装。产品远销美国、欧盟、俄罗斯、澳大利亚、日本等国家或地区。

斐戈集团始终坚持严格的质量管理方针,通过"ISO9001:2015"质管体系及"ISO14001:2015"环境管理体系;对所有产品实行从原料、在线生产、成品等多重质量检测,保证产品品质优良。

斐戈集团坚持尊重人权,先后获得了美国"WRAP"国际社会责任标准认证,欧盟"BSCI"商业社会标准认证,英国"SEDEX"供应商等商业标准认证,以及中国海关总署颁发的"Authorized Economic Operator 高级认证企业"证书,并赢得Adidas、Disney、Reebok、Forward、Oodji、Spledid、Marc O'Polo、Wrangler、laundry、Peter Alexander等众多国际知名品牌的授权生产。

斐戈集团更凭借丰富的国际贸易经验和诚信为本的经营理念,与国内外众多客户建立了长期稳定的合作关系。优质的外贸综合服务平台,配备着敬业高效的专业服务团队。完善的供应链管理体系,集设计研发、生产制造、进出口贸易,海、陆、空联运以及海外仓库、跨境电商等服务于一体。

完善的人才培养和竞争机制,借助信息化管理体系,融合创新的商业管理模式,斐戈在多个领域取得了优异的成绩。

大浪淘沙,勇立潮头。未来,斐戈将继续以开放、创新、共赢的理念不断前行。打造集设计研发、品牌管理、国际贸易、金融投资为核心的总部基地。在全球市场经济环境中,扬帆破浪,一路凯歌。斐戈集团(宁波华艺服饰有限公司)2014—2016年度各项经济指标如表1-10所示:

表1-10 斐戈集团(宁波华艺服饰有限公司)2014—2016年度各项经济指标

	2014年	2015年	2016年
总产值(万元)	62 565	94 014	1 345 671
销售额(万元)	62 365	93 714	126 661
利税总额(万元)	2 088	2 943	3 372
出口总额(万美元)	9 897	14 126	18 056
出口比例	99.5%	99.3	99.1

(续表)

	2014 年	2015 年	2016 年
研发投入金额	580	584	267
员工人数(人)	445	421	374
主要出口国家及比例	美国 60%,欧盟 30%,其他国家 10%		

6. 宁波华纳时装有限公司

宁波华纳时装有限公司原名宁波宏远针织厂,创建于 1986 年,是一家专业生产各类针织服装的自营进出口型企业,注册资金 1 000 万美金。20 年来随着实力的迅速累积,公司规模不断壮大,华纳时装创建华纳工业园区,占地面积 65 000 平方米。

目前,华纳时装公司拥有领先业内的先进设备,高效的生产流程以及质量监控体系,拥有员工 1 000 余人,缝纫设备 800 余台,月生产量 50 万件,年销售额 2 000 万美金以上。

产品主要销往日本、韩国及欧美市场,公司已与日本的 ITOCHU、MC KNIT、TOYOSHIMA、TAKINHYO、韩国的 E·LAND 等品牌建立了长期合作关系。宁波华纳时装限公司 2014—2016 年度各项经济指标如表 1-11 所示。

表 1-11　宁波华纳时装有限公司 2014—2016 年度各项经济指标

	2014 年	2015 年	2016 年
总产值(万元)	14 400	10 100	10 700
销售额(万元)	10 960	10 350	11 050
利税总额(万元)	450	350	350
出口总额(万美元)	1 472	1 414	1 400
出口比例	70%	96%	89%
研发投入金额	108	97	115
员工人数(人)	480	460	420

7. 汉麻产业投资股份有限公司

汉麻产业投资股份有限公司始创于 1956 年,是中国第一家服装衬布生产企业,在业内有"行业龙头,业界标准"的美誉。公司自 2004 年在深圳证券交易所挂牌上市以来(证券代码:002036),逐步开始实施产业升级的战略转型,现已形成服装辅料及汉麻新材料两大业务板块。服装辅料是公司传统的主营业务,公司拥有国际领先水平的机器设备,具备 3 000 万套服装辅料的生产能力。其中衬布业务与法国霞日集团全方位战略合作后,生产的"牦牛牌"衬布进入国际高端服装市场。公司另一主打产品"宾霸"里布是国际顶级服装品牌公认并首选的高端产品,由日本旭化成集团专利技术授权并参与投资,公司在大中华地区独家生产,拥有 1 200 万米的生产能力。汉麻产业经营范围涉及实业投资、投资管理、资产管理、投资咨询服务;汉麻及麻类生物种植技术的研发及技术转让、咨询、服务;汉麻籽、花、叶、杆、韧皮等生物质材料的产业化研发及技术转让、咨询、服务;麻类生物质材料及其制品的研发、生产;汉麻装饰建材、板材、木质陶瓷、橱柜厨房用具的研发、生产;服装鞋帽、服饰、针纺织品的研发、生产;服装辅料技术咨询及检测服务。汉麻产业投资股份有限公司 2014—2016 年度各项经济指标如表 1-12 所示。

表 1-12 汉麻产业投资股份有限公司 2014—2016 年度各项经济指标

	2014 年	2015 年	2016 年
总产值(万元)	35 871.3	40 477.9	288 104.1
销售额(万元)	357 588	403 986	2 926 894
利税总额(万元)	4 765.9	18 185.0	30 593.9
出口总额(万美元)	2 021.1	1247.9	49 083.1
出口比例	5.65%	3.1%	17.8%
研发投入金额(万元)	8 551	12 579	52 031
员工人数(人)	420	390	4 900

6.2 基地企业技术创新

企业的技术创新能力是企业的核心竞争力。基地服装企业借助电子信息、生物工程、新材料等高新技术产业发展成果,不断在装备技术、面料技术、印染后整理技术、设计技术、信息化技术等方面开展技术创新活动,并取得了大幅度进展。服装产业整体技术水平在国内处于领先地位,部分领域已经实现了国际领先。例如:宁波汉麻科技实业股份有限公司研发的主要产品"牦牛"牌黑炭衬和黏合衬系列衬布,获得了中国环境标志产品认证及 Oeko-Tex Standard 100 国际生态纺织品认证,通过 ISO9001 国际质量体系认证,被中国纺织工程学会评为首批推荐的国产衬布名牌,被法国科技质量监督评价委员会评定为向欧盟推荐的高质量科技产品。汉麻公司研发的多项产品荣获省市及国家级新产品称号,其中"一种高透气性黑炭衬布"被国家知识产权局授予实用新型专利权,"低醛纺缩毛衬"被列入国家重点新产品计划,"双点全能配伍黏合衬""高档功能性服装里布"被列入国家火炬计划项目,汉麻公司也由此被列为国家级重点高新技术企业。

汉麻公司还和解放军总后军需辅料研发基地及东华大学教学实验基地建立有研发合作。汉麻科技与国际服装辅料巨头法国霞日集团就生产、营销、品牌、技术开展全方位战略合作。通过合资合作,稳固了汉麻公司行业龙头地位及竞争实力,并以成为国内高档服装辅料的主要供应商和国际高档服装辅料的主要生产基地为发展目标。同时,汉麻公司依靠科技进步,开始投资汉麻高科技功能性纺织纤维项目,通过对高科技纺织材料领域的拓展,发展成为大型高科技纺织生产企业。

6.3 境外营销服务

从20世纪90年代中期开始,当其他城市很多服装企业还在借助专业市场销售的时候,鄞州服装出口基地的一些龙头企业已经开始通过建设专卖店等形式铺设国内市场销售网络,培罗成、布利杰、洛兹等十多家龙头企业都在国内市场上建立起了属于自己的销售网络。这一网络优势,不仅使企业可以大幅度提高产品的品牌形象和附加价值,而且成为与想要进入内地市场的国外服装巨头谈判时候最为重要的砝码,成为鄞州服装出口基地企业最为重要的竞争优势之一。培罗成在国内市场建有20多家销售分公司和150家专业服务销售门店,实行专业量体定制和全程序市场零售,形成一套完备的高级成衣定制服务体系,使培罗成成为经典西装"量身定制"客户最多,经营时间最长,服务体系最全(远程/全程面对面量体裁衣服务)的服装企业。

同时,鄞州服装出口基地内的龙头企业为了增强出口竞争力,掌控国际销售渠道,逐步开始探索国际销售网络建设。目前,鄞州服装出口基地内已经有25家企业在美国、欧洲、日本、中东等地建立销售分公司、办事处等,部分龙头企业开始尝试建立自主营销网络,详见表1-13。

6.4 主要出口企业品牌建设情况

基地认定以来,鄞州区政府以推进产业发展方式转型和出口模式升级为导向,大力推进基地内服装企业品牌建设,不断提高企业和产品在全国和全球的知名度和影响力,取得了一系列卓著的成绩。截止到2016年,基地拥有国家驰名商标16件,浙江省著名商标19件,宁波市知名商标4件。拥有国家级著名品牌

表 1-13　基地主要境外服装企业统计表

序号	境外企业	投资国别和地区	总投资（万美元）	中方投资单位
1	杉杉美国威克公司	美国	95	杉杉集团有限公司
	甬港鸿发(香港)实业有限公司	中国香港	298	
	香港杉杉资源有限公司	中国香港	999	
	锦恒杉杉香港国际有限公司	中国香港	52	
	杉杉资源有限公司	中国香港	1 990	
	收购 Smart apparel group limited	中国香港	7 000	
	收购 Xin ma apparel int. limited	中国香港	5 000	
	越南槟榔西更玛工业有限公司	越南	3 000	
2	布利杰阿联酋贸易有限公司	阿联酋	18	宁波布利杰集团有限公司
	布利杰美国有限责任公司	美国	30	
3	卡泽罗贸易有限公司	阿联酋	10	宁波康楠服饰有限公司
4	(香港)凯新达实业投资有公司	中国香港	75	宁波凯信服饰有限公司
	雷特斯公司	比利时	15	
	凯诚实业有限公司	中国香港	100	
5	新明达(柬埔寨)有限公司	柬埔寨	400	宁波新明达针织有限公司
6	天机澳洲(墨尔本)专卖店有限公司	澳大利亚	50	宁波田机织染有限公司
7	康楠国际贸易有限公司	法国	10	宁波斯迈尔服饰有限公司
8	摩洛哥三邦公司(实业)	摩洛哥	110	宁波三邦线业有限公司
9	中国宁波斯蒂科家居服饰意大利直销公司	意大利	70	宁波市鄞州斯蒂科家纺有限公司
10	悦风国际有限公司	中国香港	60	宁波快乐风对外贸易有限公司
11	香港千百度实业有限公司	中国香港	5	宁波晶晶制衣有限公司
12	JRO欧洲有限公司	英国	30	宁波嘉乐服饰有限公司

(续表)

序号	境外企业	投资国别和地区	总投资（万美元）	中方投资单位
3	爱芙尔制衣意大利米兰办事处	意大利	15	宁波爱芙尔制衣有限公司
	爱芙尔制衣日本办事处	日本	15	
	飞云国际投资有限公司	中国香港	3 000	
114	香港师师虎儿童用品有限公司	中国香港	50	宁波师师虎儿童用品有限公司
15	斯蒂科（柬埔寨）制衣有限公司	柬埔寨	500	宁波斯蒂科国际贸易有限公司
16	宁波新明达针织有限公司	柬埔寨	900	宁波新明达针织有限公司
17	宁波新明达针织有限公司	越南	300	宁波新明达针织有限公司

10件，浙江省著名品牌5件，宁波市著名品牌4件。布利杰、杉杉等三个品牌被评为商务部出口品牌。雅戈尔、布利杰、杉杉、洛兹等4个品牌被评为浙江省重点出口品牌，洛兹、新明达、康楠、惠多、华艺等6个品牌被评为宁波市重点出口品牌，洛兹、康楠等3个品牌被评为鄞州区出口名牌（见表3-1～表3-3）。

为进一步抢占国内市场，一些龙头企业逐步推进品牌系列化和品牌细分化，使品牌优势不断延展。如杉杉集团在核心品牌杉杉的基础上，又陆续开发、合作了玛珂·爱莎尼、莎喜等8个国际品牌，法涵诗、纪诺思、菲莱、法恩·迪莎、梵尚、菲荷等9个国际注册设计师品牌，意丹奴、小杉哥等3个原创品牌，实现企业品牌进一步细分化。这种在国内市场上强有力的品牌优势，既是鄞州服装出口基地企业不断拓展内需市场的核心竞争力，也是推动企业出口模式转型，提高在国际市场上话语权的最为重要的基础。

与此同时，近年来，以斯蒂科等为代表的一批龙头企业通过走出去参股、控股国际知名品牌，并进行反向贴牌等方式不断提高产品出口的附加值，出口效益水平不断提高。如杉杉先后收购了玛珂·爱萨尼（Marco Azzali）、乐卡克（Lecoq）、万星威（Munsing wear））等20多个国际品牌，形成了一个庞大的多品牌服装帝国。走出去参股、控股国际知名品牌使企业快速突破了本土服装品牌发展难以快速崛起的制约，通过品牌收购分享高附加值收益。

6.5 主要出口企业国际认证情况

在全球经济贸易增长乏力的情况下，各服装进口国纷纷出台限制进口的贸易技术措施,尤其是发达国家,利用其科技优势,以绿色环保为名,设置纺织品"绿色壁垒",对我纺织品、服装顺利出口制造障碍。针对这种情况,基地主要出口企业从各个方面入手,积极采取有效措施,突破国外技术贸易壁垒,顺利实现基地服装的稳定出口。其中杉杉、培罗成、洛慈、新明达、凯信、布利杰、汉麻科技等企业通过 ISO9001 国际质量体系认证与 ISO14000 环境管理体系认证。凯信服饰有限公司通过 OHSAS18001 职业健康安全管理体系认证。

基地累计获得国内认证 874 件。认证种类包括:ISO9001:2008 质量体系认证,ISO14001:2004 环境管理体系认证,CNAS 认证,环境与职业健康安全管理体系认证,美国"WRAP"人权认证、欧盟"BSCI"等国际认证。

基地主要企业制定及参与制定标准概况如下:

宁波培罗成集团有限公司:培罗成集团是国内职业装生产的龙头企业,至今参与 6 项国家和行业标准制定,包括:①参与起草制定《中国电信集团营业服装》的行业标准,对电信公司工作人员服装进行标准化规定;②参与起草制定《中华人民共和国法院服装行业标准》,拟定法院工作人员服装标准;③参与起草《中华人民共和国海事系统服装行业标准》,拟定海事系统工作人员服装标准;④参与起草《中华人民共和国海关总署服装行业标准》,拟定海关工作人员着装标准;⑤参与起草制定《中华人民共和国最高人民检察院检察制服行业标准》,对检察制服制作进行标准化规定;⑥参与起草《职业服装检验规则》(GB/T 22701—2008)国家标准,对以纺织织物为主要面料成批生产的职业服装的检验分类、检验项目、组批规则、抽样方案、判定规则和复验规则进行规定。

杉杉股份有限公司。杉杉股份有限公司是国内衬衫和西服生产的龙头企业,至今参与国家标准 4 项,即:①《衬衫》(GBT 2660—2008)。规定了衬衫的要求,检验测试方法,检验分类规则及标志、包装、运输、和储存等技术特征。②《男西服、大衣》(GB/T 2664—2009)。规定了男西服、大衣的要求、检测方法、检验分类规则,以及标志、包装、运输和贮存等。③《女西服、大衣》(GB/T 2665—2009)。规定了男西服、大衣的要求、检测方法、检验分类规则,以及标志、包装、运输和贮存等。④《西裤》(GB/T 2666—2009)。规定了西裤、西服裙的要求、检测方法、检验分类规则,以及标志、包装、运输和贮存等。

宁波汉麻科技实业股份有限公司。宁波汉麻科技实业股份有限公司是国内生产黑炭衬的龙头企业,至今参与国家和行业标准制定 3 项。①《警服材料胸绒》(GA 352—2001),规定了 99 式警服用胸绒的技术要求、试验方法、检验规则及标志、包装、运输、和储存等技术特征。②《机织树脂黑炭衬布》(FZ/T

64001—2003),规定了机织树脂黑炭衬布产品分类、技术要求、试验方法、检验规则及包装和标志。③《机织热熔黏合衬布》(FZ/T 64008—2000),规定了机织热熔黏合衬的产品分类、技术要求、试验方法、检验规则及包装和标志。

6.6 主要出口企业履行社会责任情况

基地服装出口企业是鄞州区经济主体之一,是宁波市经济发展的重要基础,同时这些企业也是自然资源、社会资源的利用主体。这些企业在创造财富的同时也承担起了应有的社会责任,为整个社会的和谐发展做出了贡献。纵观近年基地发展,在区政府政策引导和有效举措实施下,基地无重大产品质量案件和环保及生产安全事发生,不存在严重违法经营情况。

1. 以人为本,促进企业与职工和谐关系

企业与职工和谐是指企业与职工之间不限于单纯的雇佣关系,而且在生产经营和民主管理上互相合作,企业与职工共同享受发展成果,共同享有发展潜力,这是企业和谐的核心内容。基地服装企业在促进与员工和谐关系措施主要表现在以下几方面:

劳动就业。基地服装企业规模不断扩大,创造了就业机会,为职工提供更多的工作岗位,也吸纳了社会劳动力。2010年基地服装总从业人数为148 932人。同时保障并提高职工的劳动条件,保护职工的生产安全;不从事非法雇工行为、雇佣童工、强迫劳动;尊重职工的工资报酬权益,按时足额支付工资,职工工资增长与企业经济绩效挂钩。如杉杉集团健全了绩效考核机制,将员工薪酬与工作绩效挂钩,为工作表现优异的员工提供奖金。

职工福利。职工社会保障应保尽保,提高保障水平;改善职工食宿生活条件,帮助提高职工生活水平;开展职工困难帮扶,使员工感受到团队的关怀与温暖。如雅戈尔集团为签订劳动合同的员工缴纳养老、医疗、工伤、生育、失业等五项保险;除遵守国家法定的福利政策,更有诸如提供优惠或免费服装、发放幼托及独生子女费、发放住房补贴、提供餐饮补贴、提供节假日感谢等人性化福利制度。杉杉集团员工除享有基本工资和养老、医疗、工伤等保险外,还享有相应的各类补贴。凯信服饰正式成立了"员工急难救助基金",该基金是由公司及公司全体员工发起成立的旨在帮助公司员工的内部救助基金。培罗成创办子弟幼儿园,解决员工子弟上幼儿园难,上下班接送难问题;同时向员工提供200多套价格优惠的住房,为员工解决了住房问题,提高了员工的生活质量;规定为10年以上工龄的员工每年组织香港旅游,15年以上到新马泰旅游。

企业文化建设。基地服装企业丰富文化娱乐活动,改善职工的文化精神生活;加强职工培训教育,提升员工素质,促进员工发展。如凯信服饰举办"十年凯信,感恩有你"大型庆典晚会,公司全体员工欢聚一堂,共庆伟大祖国六十岁华诞、喜迎公司十周岁生日,会上凯信董事长向两位员工颁发了"十年凯信杰出贡献奖",向两位十年来为公司发展做出杰出贡献的员工表示了最真挚而热切的感谢;凯信服饰工厂、设计开发部及技术科班组长以上及凯信六家合作工厂的一线管理人员业务培训,提高本公司生产及相关部门基层管理人员的管理意识和管理技能,创造更加和谐的工作氛围和打造更加高效的管理团队。创建企业文化娱乐活动,增加企业员工归属感,提升员工凝聚力;雅戈尔培训部每年多次开展培训,培训内容紧紧抓住店铺教育,尤其是待客销售、VMD培训、店长培训、新老FA培训等,把"顾客第一,店铺第一"的意识深植在员工的管理思想中,唤起员工的服务意识,提升雅戈尔品牌形象。

2. 提升资源利用标准和环境保护水准

基地服装企业始终坚持经济效益与生态效益并重,树立牢固的环保理念,在达到法律要求的基础上,着重提升资源利用标准和环境保护水准,减少能源、资源消耗以及污染物排放,保护生态环境。

节能减排重要案例:

(1) 新明达一次性投入350万元进行了企业节能降耗的设备改造,中水回用系统和冷净水回用系统每年分别可节省120万元,热能回收系统每年可节省60万元,变频节电技术的应用让企业每年节约10%的用电量,相当于节约了100多万元,不仅一年就把投入成本收回,还节省了50万元的开支。

(2) 杉杉集团高度重视节能减排、绿色生产,为确保生产过程中产生的废水、废气、废渣能得到有效管理,公司对各项环境保护指标进行了量化和专门管理;公司要求废固体废弃物100%处理,并委托有资质的专业机构处理固体废弃物,对售出产品的包装桶及包装物进行定期回收;要求废水、废气、噪音达标排放,并委托环保监测部门对污染气体排放情况进行定期监测,严格控制废气排放。

(3) 2000年开始,培罗成集团有限公司研发了一套热能回收设备,利用熨斗出气管,对低温水蒸气进行了热能回收,使之前这些直接排掉的低温水蒸汽热能得到充分利用,节约了能源消耗,获得可观的经济效益。2004年,培罗成集团有限公司又对热能回收系统进行技术改造,使其提高回收效率,进一步取得节能减排、低碳经营效果。

3. 回馈社会,热衷慈善事业

基地服装企业始终坚持持续发展理念,把回馈社会作为企业义不容辞的责任。多年以来,基地服装企业在扶助社会公益事业、社会慈善事业方面是宁波市的排头兵,甚至在全国民营企业中走在前列。

(1) 杉杉集团。杉杉集团自成立以来,致力于民生民情,不遗余力地开展各类公益活动,以实际行动争做"社会责任好公民"。杉杉集团通过成立各类基金会,对少儿教育、人才培育、扶贫济困等方面提供资金支持;积极组织各类内部捐款活动,形成了扶弱济贫的良好文化氛围;坚持为残疾人等弱势群体提供特殊就业机会,关心弱势群体职业发展。杉杉集团创业 20 余年,累计向社会捐赠超过 2 亿元,先后入选 2005 胡润中国企业慈善榜、2006《南方周末》中国企业社会贡献榜、社会责任榜。

(2) 宁波培罗成集团。宁波培罗成集团有限公司自 1995 年以来,共向社会各界捐赠 8 000 余万元。

(3) 宁波凯信服饰有限公司。为了进一步体现一家成熟企业的社会责任感,凯信公司和全体员工及协作工厂共同成立了旨在帮助中国贫困边区改善中小学教育的教育救助基金会

(4) 洛兹制衣实业有限公司。洛兹早在 2003 年就在鄞州区慈善机构出资 100 万元,设立了"洛兹慈善扶贫基金",每年基金的收益就能救济和扶持 50 余户困难家庭。

(5) 宁波布利杰针织集团有限公司。企业发展不忘回报社会,创造财富的同时不忘负起社会责任。2004 年 2 月,宁波布利杰针织集团建立 60 万元的"布利杰慈善扶贫基金",每年捐赠 6 万元专门用于扶助鄞州区困难职工。该集团出资 60 万元建立专项助学的慈善留本冠名基金,承诺每年向区慈善总会捐赠基金的增值部分 6 万元,专门用于扶助鄞州区贫困家庭学生。

6.7 主要出口企业安全生产情况

服装企业作为工种岗位多、作业分布广、生产工序杂、机械和电气设备利用率高以及易燃易爆物品多的劳动密集型企业和重点防火单位,担负着十分艰巨而复杂的安全生产管理工作,安全生产责任重于泰山。鄞州服装出口基地相当重视安全生产工作,在区安监局指导协助下,企业严格按照《安全生产法》《国务院关于进一步加强安全生产工作的决定》等法律法规规定,根据企业实际情况,从落实安全生产责任体系、规章制度、设备装备投入、完善安全生产预警机制、加

强安全教育培训等方面着手,强化企业安全生产标准化、规范化。多年以来基地主要服装出口企业未发生重大生产安全事故。

1. 加强安全生产宣传、教育工作,提高全体职工的安全意识

服装作为劳动密集型企业,拥有职工数量庞大,提高职工安全防范意识、自我责任意识,是企业生产安全的基础。基地服装企业针对职工开展安全生产主题宣传活动,宣传安全生产对企业、员工自身重要性;并针对职工进行安全生产、基本工艺生产流程,设备操作规程等的培训,经过考核合格后方可持证上岗。如,杉杉科创投资服务中心在望春工业园区内开展消防安全实务培训,增强园区企业消防安全意识,为企业安全生产提供保障。

2. 实行安全生产责任制,建立事故紧急预案

在以鄞州区安监局为主的主管机关帮助、监督下,基地内服装企业落实了安全生产各项规范制度,企业安全生产标准化、规范化逐年进步。基地服装企业在确立"谁主管,谁负责"的基础上,建立了公司、车间(部门)、班组三级安全组织管理网,设置企业专职安全管理员,车间、班组兼职安全员;并逐级签订年度安全生产责任书,使安全生产劳动保护工作事事有人管,层层有专责。同时各企业根据自身生产现状建立事故紧急预案,增强企业事故的应对能力,并定期进行预案演习。

3. 配足设施保安全

基地服装企业在消防、劳动保护、环保措施三方面,大量引进国外先进的配套设备,不仅提高了工作效率、产品产能,而且提高生产安全性。如培罗成投入巨额资金,引进智能化吊挂设备、CAM裁床等国际最先进的设备。同时还引进安装监控系统,对车间、仓库、财务、档案等重要部位进行二十四小时监控,做好安全防范工作。

6.8 主要出口企业依法经营情况

基地服装企业经过多年发展经营,合理处理生存过程中与周边的法律关系例如企业与国家之间、企业与消费者之间、企业与其他合作者之间等法律关系,维系和构建有价值的利益关系。主要表现在以下几点:

1. 依法纳税

基地服装企业"以诚实守信为荣",坚持"依法诚信纳税",2014、2015、2016 年分别缴纳税款 15.59 亿元、15.33 亿元、15.30 亿元。鄞州区 2015 年度纳税信用 A 级纳税人名单中基地企业占 35%。

宁波杉杉服装有限公司、宁波明达针织有限公司、宁波龙盛纺织品有限公司、宁波兴裕针织有限公司、宁波汉麻科技实业股份有限公司等企业被宁波市国家税务局、宁波市地方税务局授予纳税信用 A 级纳税企业荣誉称号。

2. 诚信经营

诚信经营是指重合同、守信用，无商业贿赂，无不正当竞争行为等。基地服装企业首先把保证质量和满足顾客要求放在第一位，坚持"质量第一、信誉第一"的服务宗旨，以质量和服务为依托，狠抓全面质量管理，建立一套规范化、科学化和制度化的质量管理体系，以提高企业质量管理水平。其次建立相应的营销服务应对系统，及时对客户的需求作出快速反应，实现以客户满意为理念的售前、售中、售后全方位服务体系：从工程测量、生产加工、安装、售后一条龙服务，并对产品质量实行跟踪服务，定期调访，以赢得客户的信赖，提高企业的信誉。最后积极更新经营理念，推动企业诚信建设。如雅戈尔西服被国家质量监督检验总局认定为"中国名牌产品"和"国家免检产品"，连续多年全国同类产品综合市场占有率排名首位；公司被授予"浙江省质量管理先进企业"、"全国质量管理先进企业"以及"出口企业分类管理一类企业"的荣誉称号；并较早的通过了 ISO9001 质量管理体系以及 ISO14001 环境管理体系认证。杉杉被中国企业发展研究中心评为"质量、服务、信誉 AAA 级品牌"，同时，杉杉服装由于在连续三次质量检测中荣获优等品称号，而特别被授予"质量管理先进单位"。

3. 规范劳动用工

基地服装企业以《劳动法》和《劳动合同法》等相关法律法规为依据，严格规范用工制度，完善用工手续，规范用工管理，完善员工薪酬和社会保障制度。在分配制度上，充分体现岗位、责任、贡献相结合以及按劳分配的原则，实行岗位工资制度和计件工资制度，以岗定薪，一岗一薪，岗变薪变，按劳分配。同时企业切实做好聘用员工的社会保障工作，积极参加养老、失业等社会保险，努力解除员工的后顾之忧。

注：专题一系 2017 年宁波市鄞州区商务局申报"国家外贸转型升级基地——宁波鄞州纺织服装基地"项目研究的主体资料。

专题二 古林镇纺织服装行业规模调查和创新发展报告

1 引言

古林,又称黄古林,是闻名中外的草席之乡。古林镇地处宁波市西郊,东临宁波市区,南连石碶街道、洞桥镇,西接鄞江镇,北靠高桥、集士港、横街三镇,辖区总面积47平方公里,下辖24个行政村、4个社区、2个居委会、2个渔业社,辖区内还有一所高校,其中户籍人口5.6万余名,外来在册流动人口近10万名。境内拥有宁波客运中心、栎社国际机场等重要交通枢纽以及杭甬高速、绕城高速、甬金高速、轨道交通二号线等出口站点,具备独特的区位优势。

近年来,古林镇获得了全国百强镇的称号,纺织服装是全镇工业经济中的特色龙头产业之一,依托东接宁波城区、毗邻栎社空港的区位优势,古林镇牢牢把握宁波城市西延、品质空港城建设的历史机遇,围绕"古韵水乡、品质城区、美丽古林"的城镇定位,加快产业升级,为进一步改革创新、全面建设更高水平的现代化强镇服务。

1.1 研究背景

古林镇工业经济形成了纺织服装、机械电器、医药化工、装备制造、汽车配件、蜡业礼品等为特色的龙头产业,2016年古林镇有规模以上企业170家,实现工业总产值164亿元,同比增长-8.9%。2017年一季度,全镇实现规模以上工业增加值6.81亿元,同比增幅2.2%;实现规模以上工业增加值2.86亿元,同比增幅0.01%;全社会固定资产投资3.02亿,增幅1.4%,其中工业投资5 021万元,增幅69.8%。

古林镇是宁波市重要的纺织服装外贸出口生产基地,尤其是针织和服装,从原料、针织、漂染到制衣有较深厚的生产基础和较高的技术水平,成为支柱产业和出口创汇的主要产品。在不到50平方公里的土地上,聚集着1 200多家纺织服装企业,其中年产值在2 000万元及以上的规模以上企业70家,2016年实现产值71亿元,占全镇工业企业产值的43.5%。从20世纪80年代开始,古林的企业就承接国际品牌贴牌加工,经过30多年的发展,已获得"阿迪达斯""杰克琼斯""优衣库""背靠背"等近百个国际知名品牌的授权加工。此外,古林已经拥有惠多、Lovetheme、克鲁斯、巴比乐乐、麦中林、22ND、白禾等10多个自主品牌,产品覆盖轻奢、休闲等不同档次,能够适应不同人群的需要。(注:专题研究完成于2017年6月,因此采用2016年数据)

纺织服装业是古林镇的支柱产业,但现有的产业结构过度以OEM的模式依赖国际市场,导致受制约的风险加大,国际上稍有风吹草动,直接影响到产业的稳定、健康发展。从2016年的数据看,纺织服装产业的总体发展已出现了滞缓的迹象,到了一个关键的转折点。为了进一步发掘纺织服装产业发展潜力,加快产业升级,就需对辖区内的纺织服装产业家底来个全面的盘点,摸清辖区纺织服装产业的竞争优势、竞争劣势、机会和威胁,立足现有外贸加工优势,撬开一条通向内贸发展之路,探索出一条符合古林镇纺织服装产业实际、具有古林镇特色的发展道路,对古林镇打造智尚特色小镇,推进产业结构优化调整、加快工业新型化发展具有重要的现实意义和战略意义。

为此,特开展"古林镇纺织服装行业规模调查和创新发展报告"课题研究。

1.2 研究方法

1.2.1 案头研究/专家访谈

收集二手数据:国家对于纺织服装产业方面的相关政策;宁波市纺织服装业的发展规划,2016年宁波纺织服装业的运行数据;古林镇工业基本面数据。

召开专家及企业家座谈会,并开展课题组成员进企业专访活动,听取企业在经营中特色做法、存在困难和建议,提取一线的信息和资料。

1.2.2 问卷调查

通过问卷调查,进行 CSP(Context 背景,Strategy 战略,Performance 绩效)分析,了解古林镇纺织服装产业的总体规模、行业细分等,了解纺织服装企业目前存在的问题以及了解企业对今后发展的理念、采取的措施、取得的成效以及管理方法。

1.2.3 企业案例研究

选取古林镇纺织服装行业的标杆、典型企业进行深入访谈,了解企业发展的历程、战略,在企业经营方面的经验、转型升级的路径、存在的问题、采取的措施、取得的成效。

2 纺织服装产业的发展趋势

2.1 2017 年上半年我国纺织服装业保持稳中向好的发展态势

2017 年 1 月至 6 月,我国纺织服装行业规模以上企业的工业增加值同比增长 5.3%,主营业务收入同比增长 9.6%,利润总额同比增长 11.55%。值得一提的是,我国纺织服装行业出口贸易在经历了连续 24 个月的负增长以后,从 2017 年 5 月开始出现正增长。这种逆转一方面表明出口市场需求在悄然好转,另一方面也体现出我国纺织服装行业转型升级取得了不错进展。

其中,我国服装行业国内外市场呈现上升趋势,产业竞争能力和发展水平大幅提升,总体运行可以用"稳中向好、质效领跑"来概括。国内市场方面,消费升级带来了新的发展机遇。出口方面,由于世界经济复苏回暖,国际市场稳中有进,我们对美国、欧盟和日本等传统市场出口都在增长;越南、俄罗斯等"一带一路"新兴市场亮点频现,2017 年上半年服装行业累计对"一带一路"沿线国家出口服装总额 167.60 亿美元,占我国服装出口总额的 23.38%。15 470 家规模以上服装企业累计完成服装产量 147.48 亿件,同比增长 1.94%;社会消费品零售总额 172 369 亿元,同比增长 10.4%;全国网上零售额 31 073 亿元,同比增长 33.4%。在实物商品网上零售额中,穿类商品同比增长 20.8%;累计实现主营业务收入 11 495.84 亿元,同比增长 7.97% 点;利润总额 654.50 亿元,同比增长 11.95%;销售利润率为 5.69%,比 2016 年同期提升 0.20 个百分点;销售毛利率 13.87%,比 2016 年同期提升 0.16 个百分点;三费比例为 7.83%,比 2016 年同期下降 0.09 个百分点。累计完成服装及衣着附件出口 716.96 亿美元,同比下降 0.89%;服装出口数量为 145.70 亿件,同比增长 4.45%;服装出口平均单价 3.92 美元/件,同比下降 5.54%。我国服装行业实际完成投资 2 241.37 亿元,同比增长9.76%。服装行业作为基础性消费品产业,近年来尽管受到缓增长影响,也受到综合成本提升及消费变革的压力,但转型升级的步伐在加快,创新发展的力度也在加大。

尽管外部环境不断变化,我国纺织服装工业当前在国民经济中仍保持着稳定地位,并发挥着日渐重要的作用。以创新为动力、以政策为引领、以资本为助力、以平台为支撑,行业创新发展的外部环境在不断完善,纺织服装工业的体系化竞争优势正在形成,产业协同潜力巨大,正处于由大而强的关键转型期。

具体而言,在创新层面,纺织服装企业正通过"互联网+"成为产业转型新突破点和产业发展重要的创新新增长点。纺织服装行业拥抱互联网,不是停留在销售环节的电商模式,而是探索互联网电商与纺织服装的全渠道融合。在政策层面,围绕振兴实体经济、推进供给侧结构性改革,国家制定了一批引领性、支持性、导向性的创新政策,为行业创新发展保驾护航。在资金层面,多层次的资本市场体系,多元参与的创投基金,为行业科技创新注入活力。目前,我国纺织服装行业有105家上市公司。在平台层面,不断完善的人才体系和日渐丰富的网络生态成为行业创新发展的有力支撑。目前中国已拥有全球最大的网络消费群体,中国劳动力也正在从数量优势向质量优势转变。从行业自身层面,我国纺织服装工业的体系化竞争优势正在形成,行业已拥有较为完备的基础设施与产业配套,这使得产业链上协同、产业间协作具有良好的基础与巨大的发展空间。

2.2 2017年上半年宁波纺织服装行业运行情况

2.2.1 上半年度运行情况

2017年以来,宁波市纺织服装行业运行总体平稳,生产、销售实现平稳增长,效益出现小幅下滑,1~6月份规模以上增加值为120.5亿元,同比增长3.5%;产值、出口分别同比增长10.7%、3.8%,利润同比下降3.15%。

生产保持平稳增长,但环比略有回落。规模以上纺织服装企业完成工业产值575.3亿元,同比增长10.7%,增速较一季度环比回落0.7个百分点。主要行业中,纺织业完成产值192.1亿元,同比增长16.9%;服装服饰业完成产值310.9亿元,增长6.6%;化纤业完成产值72.1亿元,增长14.6%。

销售稳步增长,但出口明显放缓。规模以上纺织服装企业完成销售产值550.6亿元,同比增长9.5%,增速较一季度环比回落1个百分点。其中完成出口187.3亿元,同比增长3.8%,增速较一季度环比回落1.8个百分点。主要行业中,纺织业完成出口37.2亿元,同比增长6.3%;服装服饰业完成出口144.2亿元,增长1.2%;化纤业完成出口5.9亿元,增长4.0%。

效益小幅下滑,但环比回落明显。规模以上纺织服装企业实现利税 39.7 亿元,同比下降 0.36%,增速较一季度环比回落 27 个百分点。实现利润 22.9 亿元,同比下降 3.15%,增速较一季度环比回落 44.9 个百分点。其中,纺织业实现利润 8.6 亿元,同比增长 5.77%;服装服饰业实现利润 13.0 亿元,同比下降 22.3%;化纤业实现利润 1.1 亿元,同比下降 211%。(注:专题研究完成于 2017 年 6 月,因此 2017 年数据为上半年数据)

2.2.2 面临的主要问题

一是企业利润空间受挤压。服装服饰业是典型的劳动密集型行业,劳动用工成本逐年上涨,而成衣产品季节性特征明显,市场竞争激烈,价格走低,故该行业受成本和终端价格两头挤压,利润下降明显。化纤行业受原油价格波动幅度大,原油价格持续下跌,化纤原料价格也同步下降,产品失去成本支撑,且下游需求不旺,双重因素致使化纤价格持续走低,利润出现大幅下降。以电商平台为销售主渠道的企业,近年来随着平台推广费、服务费等费用支出的上升,利润也越来越薄。

二是产业结构不够优化。当前,消费者更注重性价比和个性化选择,我市纺织服装产业主要以传统消费领域为市场,而智能生态与功能性服装服饰、高技术纤维和高性能产业用纺织品等高附加值领域发展相对滞后。一些低端领域的大批量同质化生产、产业无序竞争等现象还较为突出。时尚创新平台、供应链建设、设计服务等发展还相对滞后。

三是产业发展的后劲不足。受发展空间限制、要素资源制约等众多因素影响,我市纺织服装产业传统比较优势逐渐减弱,而东南亚地区纷纷凭借劳工成本低的优势,加上该地区各国实施的税收及政策优惠,许多纺织企业产能外迁。有些企业进行了转型发展,投向战略性新兴产业领域。

3 古林镇纺织服装企业总体规模与调查

3.1 总体规模及在海曙区的地位

3.1.1 产业地位和规模——企业总数约占海曙区六成,规模以上企业总产值约占四分之一

纺织服装产业既是宁波最具特色的传统优势产业,也是国民经济和社会发展的民生与支柱产业。无论是经济成分、利税贡献、对外贸易、国际化程度、还是提供就业,在宁波社会经济中有着举足轻重的产业地位。海曙区有纺织服装企业 2 157 家,规模以上企业实现产值超过 300 亿元,约占全市纺织服装产业总产

值的四分之一。海曙区的雅戈尔、杉杉、太平鸟、维科、博洋、狮丹努均列入2016年宁波市综合百强企业名单。

古林镇有1 284家纺织服装企业,分布在24个自然村(见表2-1),占海曙区纺织服装企业总数的59.6%;2016年古林镇有规模以上纺织服装企业70家,实现产值71亿元,占古林镇工业总产值的43.3%,占海曙区规模以上纺织服装企业产值的23.7%;吸纳10余万劳动力就业。

上述系列数据表明,纺织服装产业不仅在古林镇工业经济中占有重要地位,而且在海曙区纺织服装制造能力上也是不可或缺的重要资源,是海曙区纺织服装产业真正意义上的制造基地,对纺织服装经济贡献明显。

3.1.2 产业空间布局——全区域分布,乡镇是主要集聚区

目前,古林镇纺织服装企业布局几乎是全区域分布。据统计,全区共有大中小企业1 284家(包括个体工商户)。产业核心集聚区在古林村、陈横楼、封水港和布政村(表2-1,图2-1)。

表2-1 古林镇纺织服装企业分布情况

村名	企业数	村名	企业数
古林村	175	施家村	46
礼嘉桥村	120	藕池村	45
陈横楼	113	蓴里村	35
宋严王	99	共任村	34
蓴水港	81	包家村	33
张家潭村	75	蜃蛟村	18
布政村	71	仲一村	16
俞家村	67	郭夏村	14
薛家村	65	三星村	13
鹅颈村	57	茂新村	7
戴家村	49	龙三村	2
西洋港	48	前虞村	1
合计			1 284家

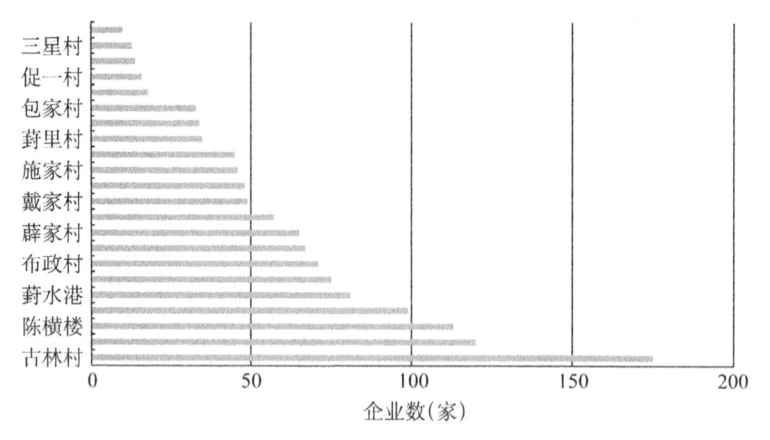

图 2-1　古林镇纺织服装企业分布图

3.2　古林镇纺织服装企业的实地调查与分析

本次调研从 2017 年 6 月底开始,历时半个月完成数据收集,2017 年 7 月下旬完成数据录入工作。本次调研共收回问卷 237 份,其中有效问卷 231 份,问卷有效率达 97.47%。

3.2.1　调查基本信息

3.2.1.1　企业成立时间相对集中在金融危机之后

在纳入分析的 227 家被调查企业中,考虑到金融危机对纺织服装企业的影响,选择以 2000 年、2008 年和 2014 年为节点,对被调查企业的成立时间进行分段统计分析。结果显示,成立于 2008 年金融危机结束之后的企业占全部被调查企业的 75.1%,其中,2014 年之后成立的企业 57 家,占比 24.9%。如表 2-2、图 2-2 所示。

表 2-2　企业成立时间分布情况

成立时间	频率	有效百分比	累积百分比
2000 年以前	26	11.4	11.4
2000～2008 年	56	24.5	35.8
2008～2014 年	90	39.3	75.1
2014 年至今	57	24.9	100.0
合计	229	100.0	

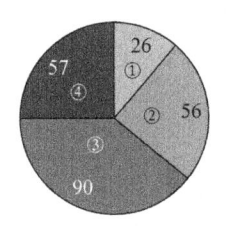

① 2000年以前 ② 2000—2008年 ③ 2008—2014年 ④ 2014年至今

图 2-2 企业成立时间分布图

3.2.1.2 企业职工人数较少

在纳入分析的 227 家被调查企业中,职工人数在 49 人以下的企业 122 家,占 53.7%;职工人数在 49～99 人之间的企业 54 家,占 23.8%;99～299 人之间的企业 34 家,占 15%;职工人数在 299 人以上的企业只有 17 家,占 7.5%,如表 2-3、图 2-3 所示。

表 2-3 企业职工人数分布情况

职工人数	频率	有效百分比	累积百分比
49 人以下	122	53.7	53.7
49～99 人	54	23.8	77.5
99～299 人	34	15.0	92.5
299 人以上	17	7.5	100.0
合计	227	100.0	

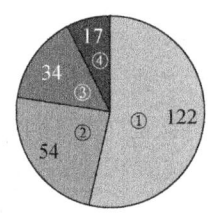

① 49人以下 ② 49～99人 ③ 99～299人 ④ 299人以上

图 2-3 企业职工人数分布情况

3.2.1.3 企业注册资金较低

在纳入分析的 218 家被调查企业中,有 8 家企业未提供注册资金数据,根据 SPSS 系统自动补缺,结果显示,注册资金在 499 万元以下的纺织服装企业占比

91%,其中99万元以下的企业占56.1%;注册资金在499万元以上的占9%,如表2-4、图2-4示。

表2-4 企业注册资金分布情况

注册资金	频率	有效百分比	累积百分比
49万以下	68	30.5	30.5
49~99万	57	25.6	56.1
99~499万	78	35.0	91.0
499万以上	20	9.0	100.0
合计	223	100.0	

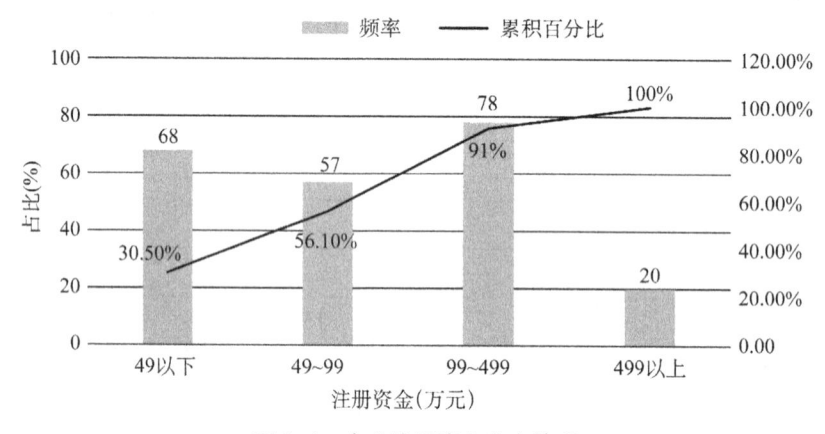

图2-4 企业注册资金分布情况

3.1.1.4 经营模式以加工型企业占居绝对优势

在纳入分析的225家企业中,"加工"的比例最高,为82.2%(响应百分比[1]为71.4%);"自有品牌(有制造能力)"的比例为12.0%(响应百分比为10.4%);"品牌特许经营"的比例为6.7%(响应百分比为5.8%);"自有品牌(虚拟品牌)"、"贸易"等占比较少。如表2-5、图2-5所示。

---

[1] 注释:"响应百分比"是指,某选项被选中数占所有选项被选中总数的比例;"个案百分比"是指,选择某选项的个体数占参与选择的个体总数的比例。以本表中的"加工"选项为例,225家企业一共作出了259项选择(因为是多选题,有些企业选了2个及以上选项),其中185家企业选中了"加工"。那么"加工"这个选项的"响应百分比"即为185÷259=71.4%,"个案百分比"为185÷225=82.2%。各选项的"响应百分比"之和等于100%,"个案百分比"之和一般大于100%。以下关于"响应百分比"和"个案百分比"的解释参照此例。

表 2-5 企业经营模式分布

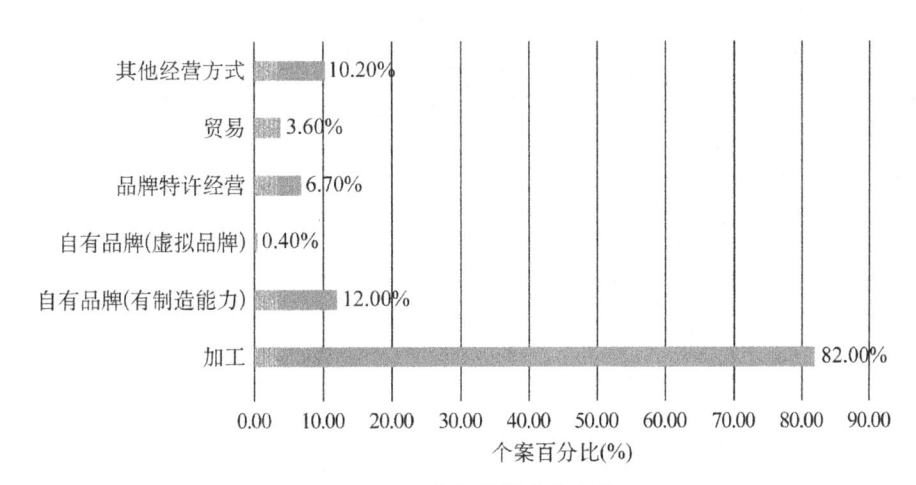

企业经营模式	响应 N	响应 百分比	个案百分比
加工	185	71.4%	82.2%
自有品牌(有制造能力)	27	10.4%	12.0%
自有品牌(虚拟品牌)	1	0.4%	0.4%
品牌特许经营	15	5.8%	6.7%
贸易	8	3.1%	3.6%
其他经营方式	23	8.9%	10.2%
总计	259	100.0%	115.1%

图 2-5 企业经营模式分布图

3.2.2 产品结构与产品出口

3.2.2.1 产品结构以针织服装企业为主

在纳入分析的231家被调查企业中,"针织服装"的比例最高,占被调查企业的73.2%(响应百分比为56.5%);"梭织服装"和"面辅料"也占有较大比例,分别占15.2%和14.3%(响应百分比分别为11.7%和11.0%);此外,"其他产品"占12.1%,问卷显示主要为印花、绣花等产品形式,如表2-6、图2-6所示。

表 2-6 产品结构

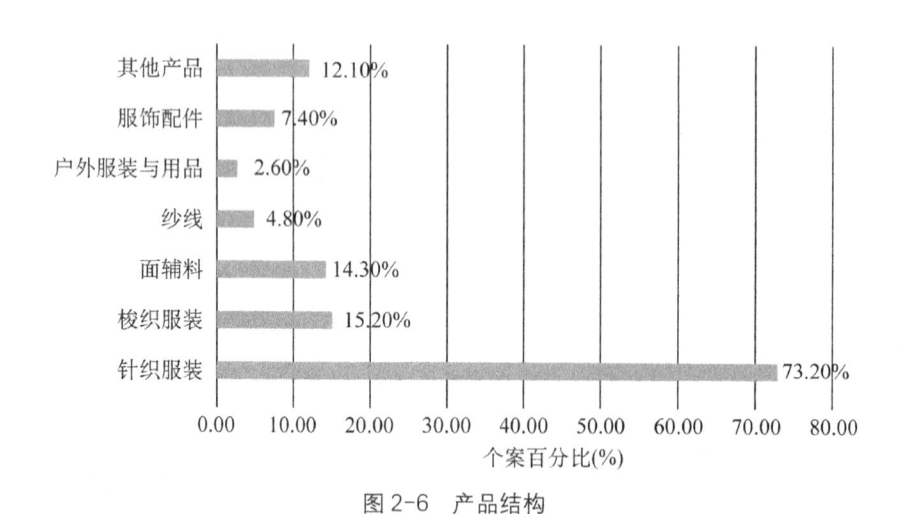

产品结构	响应 N	响应 百分比	个案百分比
针织服装	169	56.5%	73.2%
梭织服装	35	11.7%	15.2%
面辅料	33	11.0%	14.3%
纱线	11	3.7%	4.8%
户外服装与用品	6	2.0%	2.6%
服饰配件	17	5.7%	7.4%
其他产品	28	9.4%	12.1%
总　　计	299	100.0%	129.4%

图 2-6　产品结构

3.2.2.2　产品出口比重高

在纳入分析的 218 家企业中，63.3% 的企业产品出口比重超过 50%，其中产品出口比重在 80% 以上的企业占 50.9%；产品出口比重在 50% 以下的企业占 36.7%，如表 2-7、图 2-7 所示。

表 2-7 产品出口比重

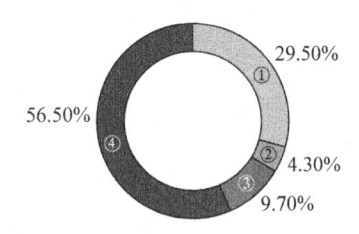

产品出口比例	频率	有效百分比	累积百分比
30%以下	61	29.5	29.5
30%~50%	9	4.3	33.8
50%~80%	20	9.7	43.5
80%以上	117	56.5	100.0
合计	207	100.0	

① 30%以下　② 30%~50%　③ 50%~80%　④ 80%以上

图 2-7 产品出口比重

3.2.2.3　产品主要出口欧美日地区和国家

对 145 家有产品出口的企业进行分析发现,排名前三位的出口国家/地区分别为:欧盟(58.6%)、美国(49.7%)和日本(34.4%),东南亚、中东、南美也是重要的出口国;其他地区占 13.4%,主要为澳洲,如表 2-8、图 2-8 所示。

表 2-8 产品出口国家/地区分布

产品出口国家/地区	响应		个案百分比
	N	百分比	
美国	78	25.6%	49.7%
日本	54	17.7%	34.4%
欧盟	92	30.2%	58.6%
南美	16	5.2%	10.2%
东南亚	26	8.5%	16.6%
中东	18	5.9%	11.5%
其他	21	6.9%	13.4%
总计	305	100.0%	194.3%

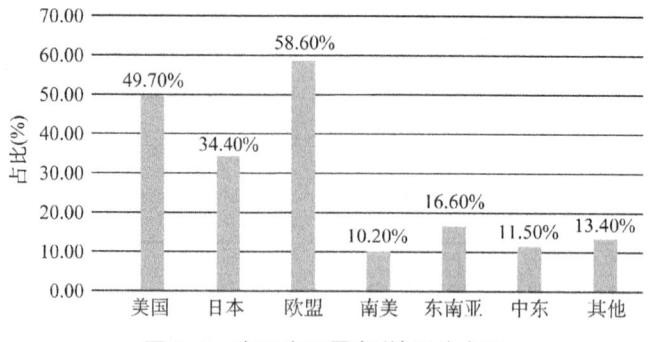

图 2-8　产品出口国家/地区分布图

3.2.3　设备与研发

3.2.3.1　进口设备比例

在纳入分析的 181 家被调查企业中,没有进口设备的企业 91 家,占 50.3%;进口设备比例 30% 以下的企业 54 家,占 29.8%;进口设备比例 70% 以上的企业只有 16 家,占 8.8%,如表 2-9、图 2-9 所示。

表 2-9　进口设备比例分布情况

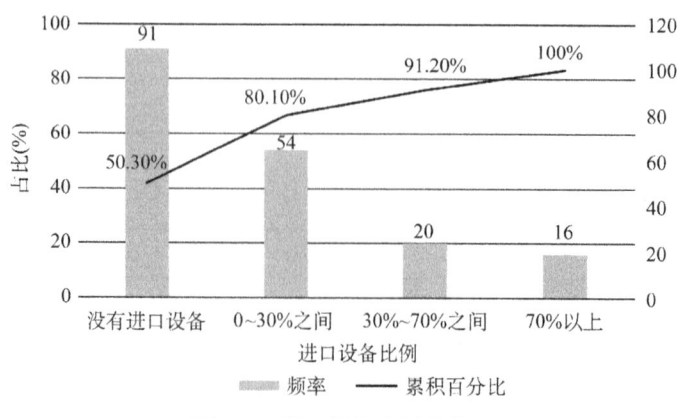

进口设备比例	频率	有效百分比	累积百分比
没有进口设备	91	50.3	50.3
0%~30%之间	54	29.8	80.1
30%~70%之间	20	11.0	91.2
70%以上	16	8.8	100.0
合计	181	100.0	

图 2-9　进口设备比例分布图

3.2.3.2 设备更新状况

在纳入分析的217家被调查企业中,近1~2年进行过主要设备更新的企业98家,占45.2%;近期准备更新的企业18家,占8.3%,46.5%的企业主要设备更新时间在3年之前,如表2-10、图2-10所示。

表2-10 最近一次更新主要设备的时间

最近一次设备更新时间	频率	有效百分比(%)	累积百分比(%)
10年之前	15	6.9	6.9
5年之前	37	17.1	24.0
3年之前	49	22.6	46.5
近1~2年	98	45.2	91.7
近期准备更新	18	8.3	100.0
合计	217	100.0	

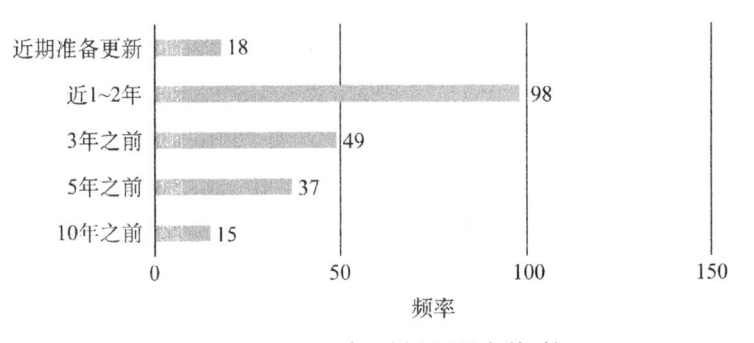

图2-10 最近一次更新主要设备的时间

3.2.3.3 研发方式的主流是"共同研发"

数据显示,在纳入分析的166家被调查企业中,通过"与客户或供应商合作"进行研发的企业136家,占比最高,达81.9%(响应百分比为77.3%);其次是"自主研发",有33家企业,占19.9%(响应百分比为18.8%);值得注意的是,通过"与大专院校及研究机构合作"进行研发的企业占比为0%,通过"专业研发公司或机构"进行研发的仅两家企业,占1.2%,如表2-11、图2-11所示。

表 2-11 研发方式分布

研发方式	响应		个案百分比(%)
	N	百分比(%)	
自主研发	33	18.8	19.9
与客户或供应商合作	136	77.3	81.9
专业研发公司或机构	2	1.1	1.2
与大专院校及研究机构合作	0	0	0
其他研发方式	5	2.8	3.0
总计	176	100.0	106.0

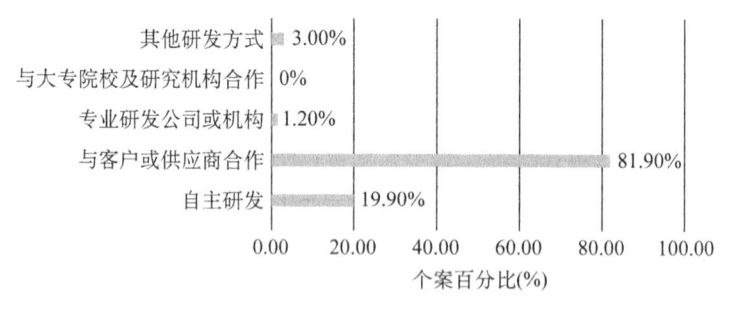

图 2-11 研发方式分布图

3.2.3.4 关注质量和成本是主要的研发目标

数据显示,在所列研发目标中,排名前两位的分别是提高质量档次(52.1%)和降低成本(38.3%),其次是改善工作条件或劳动生产率(26.1%)、扩大产能规模(23.4%)、环保与清洁生产(14.4%)、产品差别化(11.7%)以及其他(6.9%)。值得注意的是,只有 27 家(14.4%)企业将"环保与清洁生产"作为企业研发目标,这在一定程度上表明企业 CSR(企业社会责任意识)有待加强,如表 2-12、图 2-12 所示。

表 2-12 企业研发目标分布情况

企业研发目标	响应		个案百分比(%)
	N	百分比(%)	
产品差别化	22	6.8	11.7
降低成本	72	22.2	38.3

(续表)

企业研发目标	响应 N	响应 百分比(%)	个案百分比(%)
扩大产能规模	44	13.5	23.4
改善工作条件或劳动生产率	49	15.1	26.1
提高质量档次	98	30.2	52.1
环保与清洁生产	27	8.3	14.4
其他研发目标	13	4.0	6.9
总计	325	100.0	172.9

其他研发目标 6.90%
环保与清洁生产 14.40%
提高质量档次 52.10%
改善工作条件或劳动生产率 26.10%
扩大产能规模 23.40%
降低成本 38.30%
产品差别化 11.70%

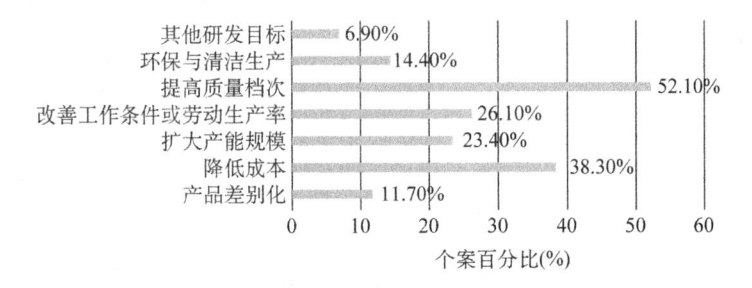

图 2-12 企业研发目标分布图

3.2.3.5 研发人员与研发投入不断增长

通过对53家提供研发数据的企业进行分析,可以看出,近三年企业平均研发费用和平均研发人员投入均呈逐年增长趋势,如表2-13、图2-13所示。

表 2-13 近三年研发费用和研发人员

研发费用和研发人员	极小值	极大值	均值	标准差
2015年设计研发费用(万元)	4	1 500	133.067	254.14
2016年设计研发费用(万元)	4	1 700	170.60	314.00
2017年预计设计研发费用(万元)	2	2 000	180.60	346.89
2015年设计研发人员(人)	1	102	18.59	30.87
2016年设计研发人员(人)	1	144	24.00	38.94
2017年预计设计研发人员(人)	1	150	24.43	40.80

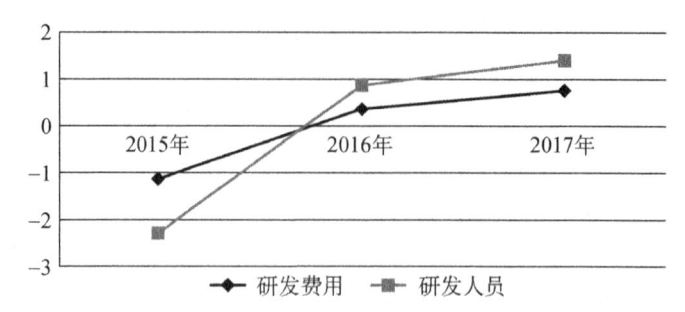

注：本图是将近三年研发费用均值和研发人员均值标准化，并以此为基数生成的，仅用来反映趋势。

图 2-13　近三年平均研发费用和平均研发人员变化趋势

3.2.4　质量管理与经营战略

3.2.4.1　质量认证企业比例不高

在纳入分析的 193 家企业中，"无认证"所占比例最高，为 71.6%；其次是"通过 ISO9000 认证"，所占比例为 14.4%；通过其他类型认证的企业数量较少，如表 2-14、图 2-14 所示。

表 2-14　管理体系认证分布情况

管理体系认证	N	百分比
通过 ISO9000 认证	29	14.4%
通过 ISO140000 认证	5	2.5%
通过 OHSAS18000 认证	2	1.0%
通过 CSC9000T 认证	1	0.5%
通过 COC 认证	6	3.0%
通过其他认证	14	7.0%
无认证	144	71.6%
总计	201	100.0%

3.2.4.2　多采取专精产品或服务的经营战略

在纳入分析的 219 家企业中，在未来经营战略方面的选择主要集中在"专精于某一产品或服务"、"扩大生产规模获得规模效益"和"寻找或开拓新的领域"三个方面，四成以上企业选择"专精于某一产品或服务"，如表 2-15 所示。

```
无认证                                                        71.60%
通过其他认证      7.0%
通过COC认证       3.0%
通过CSC9000T认证  0.50%
通过OHSAS18000认证 1.00%
通过ISO140000认证  2.5%
通过ISO9000认证         14.4%
          0.00  10.00 20.00 30.00 40.00 50.00 60.00 70.00 80.00
                              占比(%)
```

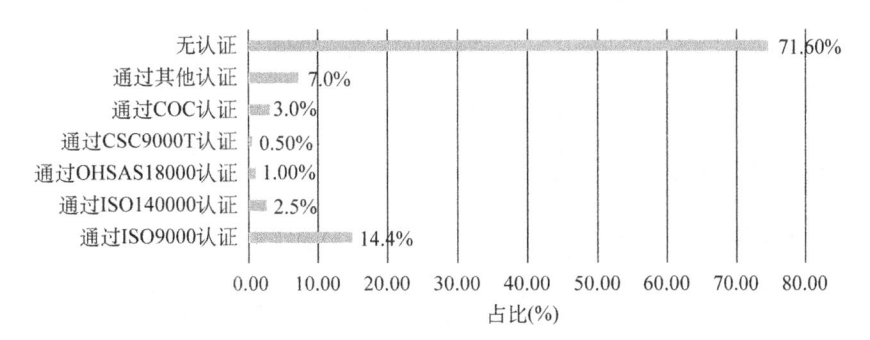

图 2-14 管理体系认证分布图

表 2-15 企业未来的经营战略

经营战略	频率(%)	有效百分比(%)
专精于某一产品或服务	97	44.3
扩大生产规模获得规模效益	56	25.6
纵向一体化	12	5.5
多元化经营	13	5.9
寻找或开拓新的领域	32	14.6
其他	9	4.1
合计	219	100.0

3.2.5 企业经营情况

3.2.5.1 代加工是主要的市场分布形式

在纳入分析的 166 家企业中，"代加工"的企业有 109 家，比例最高，为 57.1%；选择"代理商"的企业 41 家，占 21.5%；"专卖店""进商场""分公司"等市场分布形式所占比例较少，分别为 7.9%、6.8%、5.8%；"建有物流分拨(配送)中心"的企业只有 2 家，占 1%，如表 2-16、图 2-15 所示。

表 2-16 企业市场分布形式

市场分布形式	响应		个案百分比(%)
	N	百分比(%)	
专卖店	15	7.9	9.0
代理商	41	21.5	24.7
进商场	13	6.8	7.8

(续表)

市场分布形式	响应		个案百分比(%)
	N	百分比(%)	
分公司	11	5.8	6.6
建有物流配送中心	2	1.0	1.2
代加工	109	57.1	65.7
总计	191	100.0	115.1

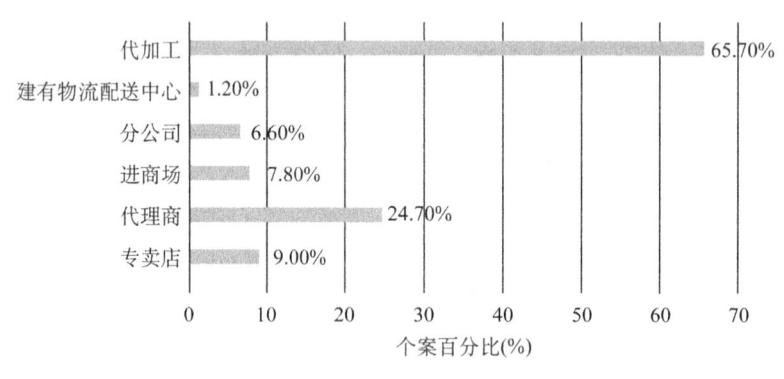

图 2-15　企业市场分布形式

3.2.5.2　人工成本增长比例

在纳入分析的 228 家企业中，近五年人工成本增长比例在 5%～10% 之间的企业最多，有 68 家，占 29.8%；其次是 25% 以上和 10%～15%，分别有 51 家和 45 家企业，占比分别 22.4% 和 19.7%，如表 2-17、图 2-16 所示。

表 2-17　近五年人工成本增长比例

近五年人工成本增长比例	频率	有效百分比(%)	累积百分比(%)
5%～10%	68	29.8	29.8
10%～15%	45	19.7	49.6
15%～20%	33	14.5	64.0
20%～25%	31	13.6	77.6
25%以上	51	22.4	100.0
合计	228	100.0	

图 2-16 近五年人工成本增长比例图

① 5%~10%　② 10%~15%
③ 15%~20%　④ 20%~25%　⑤ 25%以上

3.2.5.3 原材料成本增长比例

在纳入分析的164家企业中,近五年原材料成本增长比例在由低到高的各个分段上所占比例依次下降,即认为原材料成本增长比例为5%~10%之间的企业最多,占36.6,认为原材料成本增长比例为25%以上的企业最少,占比仅为4.3%,如表2-18、图2-17所示。

表 2-18　近五年原辅材料成本增长比例

近五年原辅材料成本增长比例	频率	有效百分比(%)	累积百分比(%)
5%~10%	60	36.6	36.6
10%~15%	50	30.5	67.1
15%~20%	32	19.5	86.6
20%~25%	15	9.1	95.7
25%以上	7	4.3	100.0
合计	164	100.0	

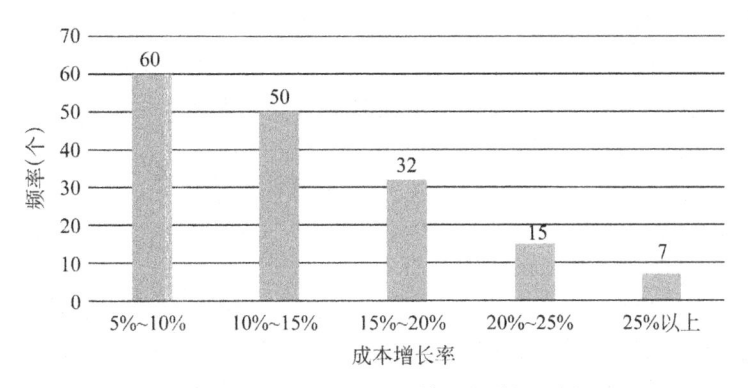

图 2-17　近五年原辅材料成本增长比例

3.2.5.4 销售额

企业销售额的高低,一定程度上反映了企业生产规模的大小。在纳入分析的 227 家企业中,近三年销售额 500 万元以下企业占大头,销售额 1 000~5 000 万元企业其次,销售额大于 5 000 万元以上企业数量最少,如表 2-19、图 2-18 所示。

表 2-19 近三年企业销售额分布

企业销售额	2015 年		2016 年		2017 年	
	频次	有效(%)	频次	有效(%)	频次	有效(%)
500 万以下	78	40	83	37.9	91	40.1
500~1 000 万	47	24.1	40	18.3	35	15.4
1 000~5 000 万	51	26.2	72	32.9	72	31.7
5 000 万以上	19	9.7	24	11	29	12.8
合计	195	100	219	100	227	100

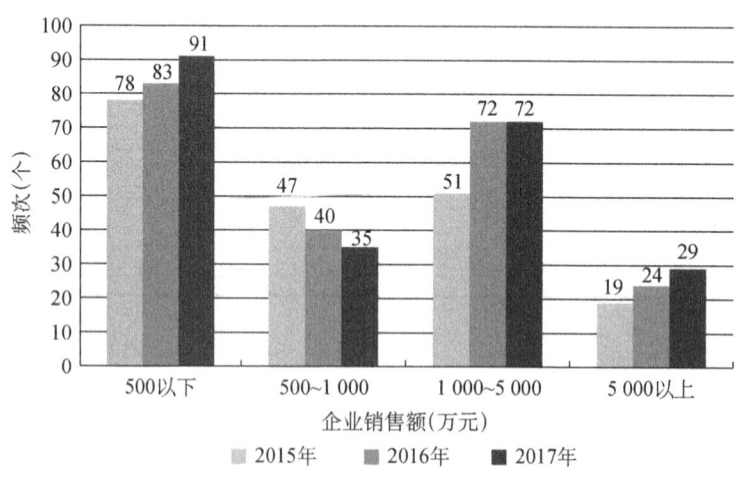

图 2-18 近三年企业销售额分布图

近三年销售额均值比较分析如图 2-20。

由于样本的不完全相同,需要针对 2015 年、2016 年、2017 年(预计)销售额三个变量,分别两两配对,做配对样本 T 检验。结果如下:①2016 年和 2017 年(预计)销售额均值与 2015 年相比,表面上都出现了下降,但并不存在显著性差

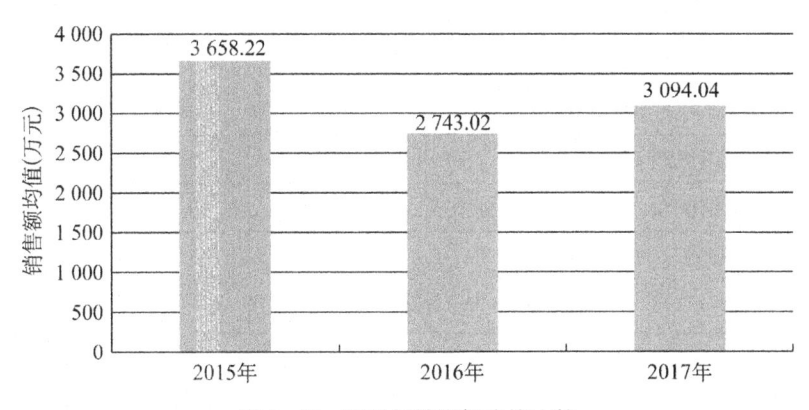

图 2-19 近三年销售额均值比较

异,即 2016 年、2017 年(预计)销售额与 2015 年处于同一水平①;②2017 年(预计)销售额比 2016 年销售额显著提高了,且两者之间存在显著的相关关系②,如表 2-20～表 2-22 所示。

表 2-20 配对样本统计量

	配对样本	均值	N	标准差	均值的标准误
配对 1	2015 年销售额	3 658.22	195	19 287.86	1 381.23
	2016 年销售额	2 828.06	195	6 111.19	437.63
配对 2	2015 年销售额	3 671.92	194	19 336.82	1 388.30
	2017 年销售额	3 419.40	194	8410.69	603.85
配对 3	2016 年销售额	2 670.80	215	5 865.54	400.03
	2017 年预计销售额	3 243.98	215	8 034.20	547.93

---

① 因为基于"配对变量不存在显著性差异"这一原假设进行配对样本 T 检验的 $sig.$ 值分别为 0.494 和 0.838,均大于 0.05,说明原假设成立不属于小概率事件,故接受原假设,即 2016 年、2017 年(预计)销售额与 2015 年相比不存在显著性差异。

② 因为基于"二者不存在显著性差异"这一原假设进行配对样本 T 检验的 $sig.$ 值为 0.002<0.05,说明原假设成立属于小概率事件,故拒绝原假设,即二者之间存在显著性差异,结合表 21 可见 2017 年预计销售额比 2016 年销售额显著提高了,再结合表 22 可见二者之间具有极强的正相关关系,相关系数高达 0.98。

表 2-21 配对样本相关系数

	配对样本	N	相关系数	Sig.
对 1	2015 年销售额 & 2016 年销售额	195	0.53	0.00
对 2	2015 年销售额 & 2017 年预计销售额	194	0.47	0.00
对 3	2016 年销售额 & 2017 年预计销售额	215	0.98	0.00

注：原假设配对变量不相关。

表 2-22 配对样本 T 检验

配对样本	成对差分					t	df	Sig.（双侧）
	均值	标准差	均值的标准误	差分的95%置信区间				
				下限	上限			
2015 年销售额 & 2016 年销售额	830.16	16 903.11	1 210.46	−1 557.18	3 217.5	0.69	194	0.494
2015 年销售额 & 2017 年预计销售额	252.52	17 132.52	1 230.04	−2 173.53	2 678.57	0.21	193	0.838
2016 年销售额 & 2017 年预计销售额	−573.18	2 651.16	180.81	−929.58	−216.79	−3.17	214	0.002

注：原假设配对变量不存在显著差异。

3.2.5.5 平均利润率

近三年平均利润率如图 2-20 所示。

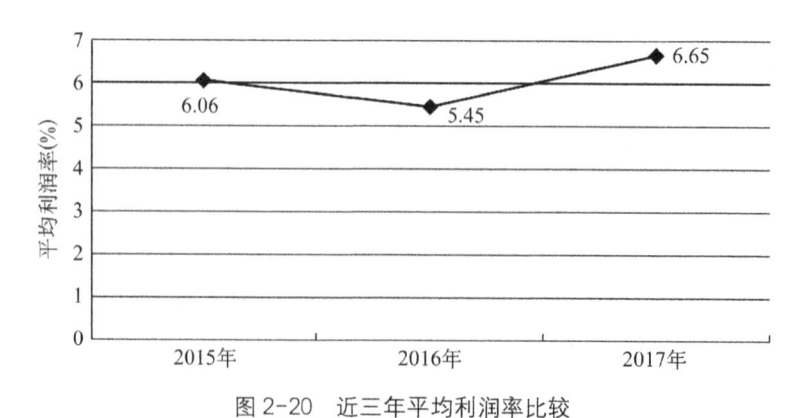

图 2-20 近三年平均利润率比较

由于样本的不完全相同，需要针对 2015 年、2016 年、2017 年（预计）销售利润率三个变量，分别两两配对做配对样本 T 检验。结果如下：2015 年、2016 年、

2017年(预计)销售利润率并不存在显著性差异,但三者相互之间存在很强的正相关关系。说明近三年销售利润率处于同一水平[①]。如表2-23~表2-25所示。(注:专题研究完成于2017年6月,因此2017年数据为预计数据)

表2-23 配对样本统计量

配对样本		均值	N	标准差	均值的标准误
对1	2015年利润率	0.060 6	190	0.098 3	0.007 1
	2016年利润率	0.055 5	190	0.144 4	0.010 5
对2	2015年利润率	0.061 8	184	0.099 6	0.007 3
	2017年利润率	0.063 0	184	0.084 1	0.006 2
对3	2016年利润率	0.055 4	204	0.139 8	0.009 8
	2017年利润率	0.062 4	204	0.081 1	0.005 7

表2-24 配对样本相关系数

配对样本		N	相关系数	$Sig.$
对1	2015年利润率 & 2016年利润率	190	0.852	0.00
对2	2015年利润率 & 2017年利润率	184	0.850	0.00
对3	2016年利润率 & 2017年利润率	204	0.776	0.00

注:原假设配对变量不相关。

表2-25 配对样本T检验

配对样本	成对差分					t	df	$Sig.$ (双侧)
	均值	标准差	均值的标准误	差分的95%置信区间				
				下限	上限			
2015年利润率 & 2016年利润率	0.005 1	0.079 6	0.005 8	−0.006 3	0.016 5	0.89	189	0.375

---

① 以"2015年利润率"和"2016年利润率"两个变量的配对样本T检验为例,对结果简单解释如下:①表27显示2015年和2016年的利润率均值分别为6.06%和5.55%;②表28显示2015年和2016年利润率存在显著的正相关关系(因为基于"两者不相关"这一原假设进行T检验的sig.值为0.00,说明原假设成立的概率为0,属于小概率事件,故拒绝原假设,即两者之间具有显著的相关关系,且相关系数为0.852,说明两者之间存在显著的正相关关系);③表29显示2015年和2016年销售利润率之间不存在显著性差异(因为基于"两者不存在显著性差异"这一原假设进行T检验的sig.值为0.375,大于0.05,说明原假设成立不属于小概率事件,故接受原假设,即两者之间不存在显著性差异)。

（续表）

配对样本	成对差分					t	df	Sig.（双侧）
	均值	标准差	均值的标准误	差分的95%置信区间				
				下限	上限			
2015年利润率 & 2017年预计利润率	−0.001 2	0.052 4	0.003 9	−0.008 8	0.006 4	−0.31	183	0.756
2016年利润率 & 2017年预计利润率	−0.007 0	0.092 4	0.006 5	−0.019 8	0.005 7	−1.09	203	0.277

注：原假设配对变量不存在显著差异。

3.3 典型及标杆企业

案例一 "专注健身服制造 做领域内隐形冠军"的龙升制衣

一、企业简介：不显山露水，潜心经营，做21世纪的隐形冠军

龙升制衣成立于2006年7月，系外商独资企业（图2-21）。公司以健身服起家，澳洲运动健身服饰市场占有率达到一半以上的"Lorna jane"品牌的所有产品都是龙升制衣公司生产的。现在生产健身服仍是龙升制衣的主要业务，占到了80%。

图2-21 龙升制衣企业大楼

企业从2009年进入快速发展期，从单一外贸到内外贸并举，订单从4 000件/月，发展到如今40万件/月，员工从30人发展到了1 500人，厂房面积从2 000平

方米增加到 40 000 平方米,月产量扩大了 100 倍、员工增加了 50 倍、厂房扩大了 20 倍,企业效益倍增,成为国内健身服领域的佼佼者(图 2-22、图 2-23)

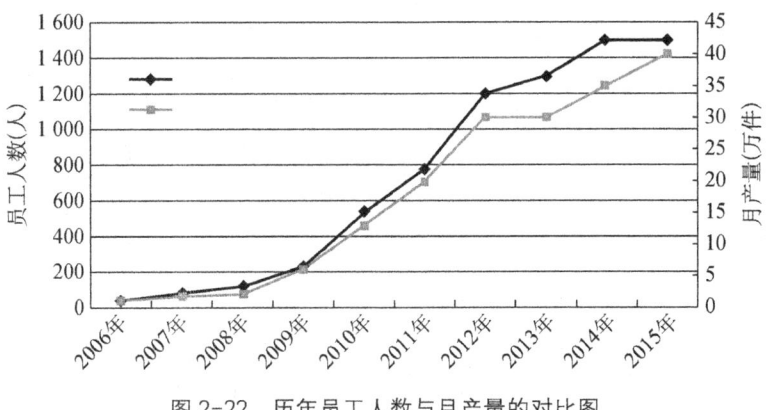

图 2-22 历年员工人数与月产量的对比图

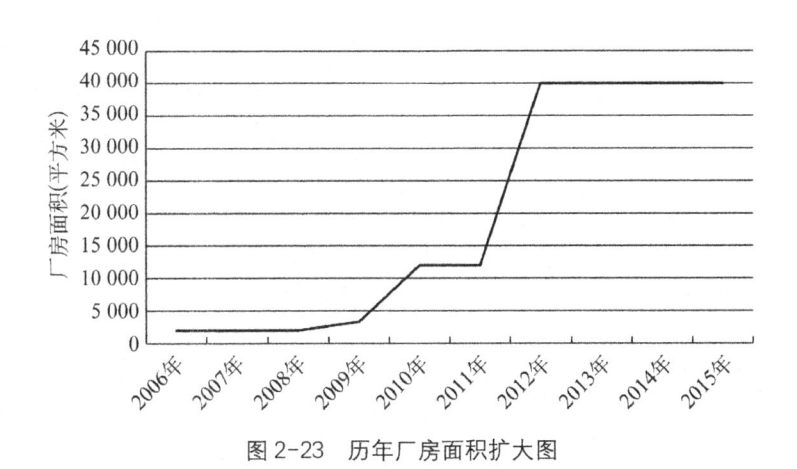

图 2-23 历年厂房面积扩大图

二、特色做法:专注于健身服领域,做制造业的强者

专注而稳定地发展。龙升制衣创办 11 年来,执着追求"成为宁波服装行业最有发展潜力、最具知名度、员工幸福感最强的企业。"日复一日的潜心经营,取得了不菲的成绩。该公司专注于从事健身服(健身服、瑜伽服、泳装,自行车服、舞蹈服装、休闲服等)领域的中高端产品的制造,拥有自营进出口权,产品 80% 出口至澳大利亚、美国、日本和加拿大等国家。从国外引进实验设备,自主研发颜色配方、染色、水洗、织造等技术,使产品质量和档次进一步提高。产品面料讲究,做工精良,是一家运动休闲类国际高端品牌战略合作伙伴。公司以完整的系

统产品和专业技术为基础,规范高效的运行机制、科学健全的管理体系,在行业中创出龙升制衣的品牌和信誉,成为健身服领域的"加工王者"。

有忠诚而稳定的员工。"互相尊重"是龙升制衣的企业文化之一,公司遵循以人为本的理念,打造"时尚、健康、快乐新生活",致力于营造一个人性化、轻松的、愉悦的工作和生活环境,始终认为员工是企业的财富源泉和生存支柱,倡导员工与员工之间、员工与企业之间互相尊重,彼此善待,和谐相处。这是一个温暖的企业,企业把员工个人的发展与企业的成长结合越来,使员工在企业工作有存在感和成就感,员工的收入高于同行10%～20%,流失率低于社会平均水平4～5个百分点,龙升制衣是员工幸福感最强的企业之一。

是一家全球化的企业。龙升制衣的母公司在澳大利亚,是一家专注20年的中高端面料开发与制造企业,龙升制衣传承了母公司专注的基因,专门从事健身服的专业制造。面料由母公司按需开发,80%设计来自于澳大利亚、美国、日本和加拿大等专业的高端客户群。不少进入健身服领域的服饰品牌,由于缺乏经验,索性把设计、开发、面料选择、生产全部交给了龙升公司。龙升公司的实力也吸引了一些私人定制品牌的注意,小批量定制对企业的技术、质量、成本、管理都有非常高的要求,许多企业不敢接,而龙升公司接了,在品牌商的运作下,国际名流、名媛、明星,都穿上了他们的衣服。龙升制衣的技术、专业开发能力,也吸引了其他品牌与他们进行合作,刘嘉玲和吴奇隆合作的 Ed Hardy Skinwear 品牌,也是由龙升制衣在生产,走的也是小批量多品种的高端线路,深受年轻时尚人士的喜爱。

三、存在困难

(1) 外资企业融资难。由于外资企业多是轻资产企业,厂房是租赁的,没有拥有土地,在企业扩展过程中,轻资产的外资企业难以获得银行的贷款,虽然通过贸易担保可以融资,但也只能解决原料款的需求,制约了企业的快速发展。

(2) 人员招聘困难。一方面人员招聘群体偏小,技能往往达不到企业要求,需要企业半年甚至更长时间的培训;另一方面,企业在引进人才时,难以解决子女的入托和上学问题。

四、下步打算

公司始终坚持以一流的管理、断增多,目前的生产能力已饱和,难以满足更多的需要,在未来三年,公司将从一流的品质、一流的服务,不断制造经典、不断塑造完美的服务理念。随着订单的不断攀升,将从以下二个方面有所作为:

(1) 扩大制造规模,承接不断增加的内销订单。总体来说,内销产品的利润率高于外销,未来三年内,公司将产能提升75%,员工人数增加到2 500人,月产量提高到 70~80 万件。

(2) 为客户提供更深、更广的服务。让客户专注于销售市场的开拓与产品的设计,公司仍专注于制造,除了大批量的生产以外,公司努力为客户提供更多的个性化高级定制服务和更便利的物流配送服务。客户只要带着一个想法来,公司可以按要求完成设计、定样,一周之后,产品就能直接出现在客商的海外渠道商的库房。

案例二 "传递温暖 分享微笑,做让顾客消费得起的奢饰品"的麦中林

一、企业简介:文艺范十足的"麦中林"

今天,越来越多的人在互联网+的社群里,记住了一只兔子:"麦儿兔",并渐渐成为了她的粉丝;越来越多的人记住了一个品牌:Mildtree,它传递着正能量的声音,也影响了一个城市的温度。

麦中林品牌创立于 2011 年 3 月,是源自丹麦的中国原创设计师品牌,英文名 Mildtree,音译为"温和的树",即追求温和、清淡的生活境界。麦中林以追求"自然、舒适、健康"的生活理念为前提,以"清新脱俗,注重原生态,细节设计感"的风格定位为倡导,品牌卡通形象"麦儿兔"是该品牌的代言人,它将品牌文化通过各种形式转化到终端各个细节,例如服装、家居用品、配饰、展示形象、装修及道具中。

麦中林市场定位于国内二线城市一类商场及专营店。通过"自营+加盟"的形式,"麦中林"专卖店在全国各地迅速扩张,短短几年已超过 150 家。目前主力城市及商场 60%已经进驻(浙江、江苏、四川、安徽、江西、山东、大连、湖北、河南、吉林、黑龙江、内蒙、贵州等地的一些主要城市都有分布,主要集中在江、浙、皖区域)。依靠文艺范的精准定位和过硬的品质,该品牌去年销售业绩达 7 000 万元。

二、特色做法:打造全新的"文化+品牌"跨界营销模式

麦中林秉承麦儿兔系列理念,专注于经营"社群经济"和"粉丝经济",借力麦儿兔的品牌影响力,营造浪漫、环保、诗意、成长的文化创意微空间,探索消费艺术化和生活化的全新的"文化+商业"跨界营销模式,通过模式创新来提升市场影响力。公司接连发起的"麦儿兔微笑中国""麦儿兔游世界""麦儿兔的早餐""麦儿兔女子学堂公益课堂"等活动影响巨大,"麦儿兔"去年一举成为宁波的网红。麦中林实现了从商业品牌到文化载体的成功转变,提供了从文创思路到现实价值的商业模本。跳出服装去做服装,去做文化,这是麦中林独特的营销模式。近年来通过这些专题活动推广,麦儿兔已随数上千位国内服装界、艺术界、企业界的领军人物、CEO、时尚达人游历 60 多个国家,300 多个城市,形成了独

特的兔子品牌文化。

如今,麦中林的兔子品牌文化已经形成了品牌效应。这只叫做麦儿兔的兔子风光无限,已成为宁波最具影响力的文化符号:《麦儿兔微笑中国》上万名领军人物、CEO、大咖、时尚青年与麦儿兔合影,分享微笑、传递温暖,形成了很好的公益效应,有比较大的社会影响力;《麦儿兔游世界》行为艺术,不断地传递人与自然的和谐和环保理念,传递一种美好的世界观和人生观,目前参于这个行为艺术的人,有上千个时尚达人等。麦儿兔的公益文化形象已深入宁波人、特别是宁波年轻人之心。麦中林品牌生活馆也已成为宁波潮人的休闲集聚地,这为麦中林的兔子品牌文化传播提供了新的平台和亮点,为麦中林扩大市场影响力、增强市场竞争力奠定了坚实的基础。

三、存在困难

企业融资难。创建品牌、推广品牌、提升品牌均需要大量的资金,企业厂房都是租赁的,没有拥有土地,在企业扩展过程中,没有政府的资金支持,难以获得银行的贷款,企业融资困难重重,制约了企业的壮大与发展。

四、下步打算

麦中林将满足顾客购物需求作为品牌的前进目标,25~40岁的都市女性在闲暇时光来到 Mildtree 精挑细选,享受放松、愉悦的购物时光。Mildtree 品牌立志做让顾客消费得起的奢饰品。下一步:

(1) 解决融资难的问题。争取政府政策支持,引入文创基金、争取吸收更多融资,来支撑企业发展。

(2) 搭建各类互动平台。通过搭建各类互动平台,引导专家、达人等更多的人来走进麦中林,与企业互动,不仅让身边的人来穿麦中林的衣服,引导各种领域的更多人也来关注麦中林,穿麦中林的衣服,推动麦中林品牌走向全国。

案例三 "逆势上扬,做全球最具竞争力的服装制造商"的狮丹努

一、企业简介:全国服装行业百强企业——狮丹努

宁波狮丹努集团创建于 1994 年,是一家集服装、国际贸易、金融投资为一体的集团型针织服装企业,在行业内有较大的品牌知名度和影响力,旗下的宁波狮丹努针织有限公司为古林镇重点骨干纺织服装企业。狮丹努系全国服装行业百强企业,中国纺织服装企业主营收入和出口百强企业,连续 8 年被授予"宁波纳税 50 强"荣誉称号。经过近 20 年的不断发展,现已拥有 12 家子公司。在全球经济下行的环境下,宁波狮丹努集团有限公司还实现了逆势上扬,2016 年出口

增速达到9%。

二、特色做法：把握国际经济形势，推动企业转型升级

科技创造一流品质。创新是狮丹努的核心价值观之一，强大的科研队伍和先进的研发设备为公司的新产品开发搭建了广阔的平台。

狮丹努总部配套设置了产品技术开发设计中心，注重开发新产品，包括新面料、新款式、新功能（抗菌、防臭、防污、防紫外线、快速排汗、防燃、保暖）等科技产品，并设有面料和款式设计中心、产品检测中心等机构。狮丹努以"数字东方宏业"建设为依据，推广企业资源管理系统、电子商务、现代集成制造系统的信息化。

狮丹努组建研发团队，致力于创新研发，先后完成了超薄全涤抗起球汗布+定位转移印花针织面料、铜氨纤维功能性针织面料等新面料的开发。新产品的积极开发，不但增加了企业的科技含量，还增加了产品的附加值，提升了企业的经济效益。同时，通过大力推行工艺革新，引进先进设备进行全面消化改造，节约了生产成本，提高了生产效率。

品牌拓展广阔市场。从品牌的角度来看，服装行业是创意型产业、都市型产业，是永恒的产业。随着人们消费水平的不断提高，对服装的需求也越来越趋向于个性化、多样化。狮丹努在品牌建设中找准定位，探索走多品牌国际化路线。

树新品牌，出新产品，打新款式，努力赢得广大消费者的喜爱。狮丹努全力打造自己的品牌，如狮丹努、克鲁斯等，并积极辐射国内外市场。目前，狮丹努旗下有"巴比乐乐"风尚童装、C.O.时尚男装两个主打品牌，其中"巴比乐乐"风尚童装已推出好多年，目前拥有直营加盟店100多家。下一步狮丹努还将加快实施品牌发展战略、引导服装潮流。

转型引导企业未来。传统纺织服装外贸企业往往以贴牌生产加工（OEM）为主，产品附加值相对较低，但成本上升、市场竞争加剧等因素正倒逼产业转型升级，而狮丹努在这条道路上已领先了一步。强大的科研队伍和持续创新的产品研发能力，严密的生产管控和卓越的产品质量控制，国际化市场营销和优质的客户基础，还有强大的成本控制能力，正是这些核心竞争力使得狮丹努的未来充满希望。

狮丹努一方面同欧洲等国外知名设计机构开展合作，针对客户的需求提供不同面料、不同款式的产品设计方案。狮丹努现已通过ISO9001质量管理体系认证、ISO14001环境管理体系认证、OHSAS18001职业健康安全管理体系认证、美国WRAP社会责任认证和欧盟生态标签Oeko-tex100认证、GOTS全球有机纺织标准认证等，世界著名品牌包括ADIDAS、REEBOK、ZARA、H&M、

UMBRO、KAPPA、CHICCO、ABERCOMBIE 等均授权狮丹努代工定点生产。

另一方面,狮丹努积极推进产业转移,致力于打造宁波企业总部经济,建立拥有现代物流、国际贸易、研发设计、技术创新、品牌运行、多元化投资及财务远程核算能力的现代化管理中心。同时,加速建设总部大楼,尽快形成以宁波海曙为中心,辐射宁波鄞州、安徽、东南亚等地的发展格局,并对跨国跨区域的生产基地实行精细化远程控制管理。目前,安徽芜湖狮丹努服饰有限公司已经形成占地面积 200 余亩、年产量 500 万件、产值 2 亿元的规模。截至目前,该集团已在东南亚开设了 4 家成衣厂,总用工规模为 4 000 人,其中两家在柬埔寨、两家在缅甸。柬埔寨狮丹努服饰也已拥有员工 2 000 人的规模。同时,鄞州古林生产基地狮丹努针织有限公司目前已经有 2 000 名员工,产业基地多翼格局已经形成。

三、存在困难

成本不断提高。近年来,国内人工成本逐步提升,劳动力的工资日渐上涨;其次,面料成本也越来越高,而订单价格却越来越低,企业的竞争优势正在逐步丧失,这也促使狮丹努集团加大力度转变经营策略。

四、下步打算

宁波狮丹努集团近年来加快调整产业布局,主动"走出去"实施全球化战略,突破行业发展瓶颈,走出了一条以技术创新、管理创新、品牌创新为先导的战略转型之路。狮丹努集团要力争成为全球最具竞争力的服装制造商,争取实现在明年 2018 年打入中国针织行业前十强,成就国际一流服装企业的愿景。力争到 2018 年实现销售收入 48 亿元(内部统计数据)、利润总额为 2.4 亿元,进入中国针织行业第十强。

(1)合理生产布局。针对女装、男装、童装、运动装订单情况,对目前国内生产工厂进行定位,确立专业生产女装车间、男装车间、童装车间及运动装车间,使产品结构得到最大优化,提高劳动生产率,这样能使我们具备更专业的生产团队,更能为战略和黄金合作客人保证产品质量。一个企业成为生产专业化的供应链专家,就会具有较强的议价能力,更能争取到合理的利益分配,摆脱低价竞争的恶性循环局面。OEM 的低成本、快速、高效制造能力及弹性的交货能力是我们战略合作客人需要的互补资源,我们具备的这些能力越强,在与战略合作客人的发展合作关系方面就越具有竞争力和持久力。

(2)继续开辟海外生产基地。在越南、缅甸现有的生产基地基础上,积极探索寻求合适的新的海外合作伙伴,考虑在柬埔寨工厂组建新的生产流水线,在越南建立新的合格的面料生产供应基地,为自己的海外工厂提供面料,增强企业的竞争力,以满足战略合作客户不断增长的产量需求。

(3) 继续推进国际贸易与实业产业研发设计工作创新。推进集团服装设计研究院、产品展示推广中心和纺织面料信息中心建设。通过整合资源,加快技术打样、试样速度和样衣确认时间,进一步增强企业快速反应机制,减少浪费,节约试样成本,满足客户的快时尚需求。建立和扩大与欧洲及其他国家的设计平台,共同开发有潜力的大客户,提高公司ODM订单比例。同时积极与生产基地和高等院校进行合作,开发新面料、新工艺、新技术,使集团实现从生产型企业向设计研发制造品牌商品的企业的转型。

案例四 转型升级,打造产业赋能中心的嘉乐企业

一、企业简介:致力于资本运作、品牌经营的现代化企业集团——嘉乐

嘉乐企业创建于1992年10月,经过多年的风雨征程,坚持织造、染整、绣印花、成衣、户外休闲服饰、贸易等轻纺业为主营业务,主营业务产品远销东南亚、欧、美各国及地区。企业总资产超过10亿元,年利税达到1亿元,员工3 000余名。先后荣获宁波市星级企业、全国外商投资先进企业、全国出口创汇500强企业、银行资信AAA级企业、全国环保先进单位等殊荣。

二、特色做法:从生产加工转变为品牌供应链服务商

(1) 占领高端潮牌市场。2008年开始,嘉乐把过去产能集中、功能单一的大规模流水线拆解为不同功能的生产单元,将单一的服装工厂重组为更为灵活的小型生产线,并配套了小型的印绣花车间,变成了麻雀虽小五脏俱全的小型一条龙服务,成功的抓住了"高端潮牌"这一高附加值市场,成为目前国内顶级潮牌的首选供应商。

(2) 推广网红品牌获成功。2016年,嘉乐开放了自有品牌的渠道和信息平台,每年两次的品牌发布会邀请大批的设计师品牌、网红品牌来共同参与,共享渠道、共享数据。次年,推出了原创IP形象——热血暴力熊,全面升级自有品牌,同时与园区内的原创设计师品牌、网红品牌合作,通过暴力熊涂鸦设计展、网红打造计划,打通了从设计到社群的产业链条,帮助网红实现流量变现,帮助设计师实现了个性定制,取得了意料之外的收获。

(3) 自身定位从生产加工转变为品牌供应链服务。一个完整的品牌供应链服务平台需要四大能力的支撑:精准制造能力、设计研发能力、品牌传播能力、IT&数据能力。今天的嘉乐园区,自有品牌、电商品牌、原创设计师品牌、网红品牌与大大小小的工厂、车间、物流中心,混搭在一起,形成了一个品类丰富的小

型生态链。

三、存在困难

随着企业的不断发展，特别在新形势下面临的转型升级，企业也遇到了一些困难：

（1）人才瓶颈。企业的转型，需要高水平的设计人才、大数据处理人才、金融管理人才和品牌运营等人才，在目前的状态下，企业难以寻觅到合适的人才，阻碍了企业的快速发展。

（2）政策的支持。企业在打造智慧供应链的过程中，需要获得政府诸如土地、资金及税收政策的支持。

四、下步打算

嘉乐企业以二次创业、全面归零的心态，重新学习和认识纺织服装行业，经过不断的学习、调研、分析，确定企业下步转型升级的方向是——品牌赋能。具体如下：

（1）提升潮流度，做"一件定制"的服务商。2017 年，嘉乐推出了原创 IP 形象——热血暴力熊，全面升级自有品牌，同时与园区内的原创设计师品牌、网红品牌合作，通过暴力熊涂鸦设计展、网红打造计划，打通了从设计到社群的产业链条，帮助网红实现流量变现，帮助设计师实现了个性定制。

（2）合作打造智慧供应链。目前，嘉乐正在与凤凰网、清华大学文创院和海天集团共同建设一个项目，其以 S2B 模式为核心，以智慧工厂和全流程配套为供应链基础(S)，在保持一定产能优势的同时，不断强化灵活生产的能力，为客户提供小批量、多款式、一件定制的精益生产能力。整合、共享 IT、仓储、渠道资源，形成支撑多品牌的开放平台和数据平台。通过清华义创院汇聚清华系相关知名设计机构、重点 IP 等，对品牌进行 IP 和文化赋能，通过凤凰时尚加速中心推出新媒体营销内容，由凤凰文创及外部媒体联合提供全媒体支持。对品牌进行媒体、公关赋能，以及产业基金的资本赋能，全方位服务社群经济、新锐原创品牌、设计师品牌、网红品牌。让产品和供应链成为底层的基础设施，为社群经济时代的意见领袖、网红、自媒体、个人设计师能够在这个平台上轻松实现自己的品牌梦。

案例五："强强联营，争做全国领先的童装服务平台"的调皮孩子

一、企业简介：做国内快时尚"平价童装"的领军品牌

"调皮孩子"童装是宁波唯昇品牌管理有限公司创建的童装品牌，创始于 2008 年 9 月 1 日。公司是以开发、生产和销售童装、童裤、童鞋、儿童玩具、饰品

等儿童用品为主业的综合平台,坐落于浙江宁波海曙区古林镇。

调皮孩子童装作为目前国内快时尚"平价童装"的领军品牌,在童装领域率先推行 SPA(自有品牌童装专业零售商)模式,即基于终端会员数据库的分析、利用和挖掘,通过以市场为导向及快速应变的供应链整合与管理,实现为消费者准确、快速提供高性价比时尚童装。公司控制着品牌管理、产品组合和零售渠道,而将附加值较低的生产环节外包,是一家比较典型的轻资产流通企业。目前,公司已在浙江、江苏、安徽、湖北、湖南、四川等长江流域省份成立了 8 家分公司,全国品牌直营门店达 412 家,其中浙江省 201 家,湖北省 42 家,四川省 36 家,凭借灵活的品牌经营和精准的产品定位,该品牌去年销售业绩达上亿元。

二、特色做法:一店"网"尽　"合伙人"强强联营

调皮孩子童装以时尚、健康为理念,融合国际流行元素,紧扣国际流行童装文化和童装的消费心理特征,憧憬了童年的多彩梦想。"调皮孩子"打造的是一种全新的时尚销售终端平台,在"调皮孩子"的一个专卖店中,集合了日、韩及欧美等国最时尚的童装款式可供顾客选择,其价格则是大大低于同行相似商品,所售产品均赋予了最新的国际流行时尚理念,融合多种前卫元素,完美演绎孩子童年的魅力,成为了一道国内童装界独有的风景线。这种一店"网"尽的销售模式,在国外及我国港台地区盛行已久,也必将受内地消费者的青睐。

调皮孩子主张"合伙人"联营的经营模式,突破了传统的连锁加盟模式,赋予了品牌经营新的生命力。"合伙人"联营即搭建平台召集童装行业各个细分领域的精英合伙人,如吸收顶尖的知名童装设计师或童装销售、运营的领军人才等加盟合伙经营,以平台化架构,"合伙人"强强联合经营的模式,打造最好最强的研发团队、销售团队和品牌运营团队,极大地提升品牌的核心竞争力。

三、存在困难

核心人才急缺,招聘困难。主要是企业前端的品牌营销、设计、运营方面的核心技能人才缺乏,招进来的普通工人很难达到企业升级发展要求,没有了足够的核心技术人才,企业就失去了造血的功能,发展就会受到阻力。

四、下步打算

调皮孩子童装以长三角为支点,以长江沿岸城市链为杠杆,致力于撬动全国市场,2018 年目标争创全国童装行业前三名。下一步,公司将从以下二个方面整体深化和提升:

(1) 深化企业的"陪伴"文化。陪伴是最好的爱,企业下一步将深一步营造浓郁的爱的环境,开展"陪伴相助　与爱同行"助力边疆贫困地区的捐助活动,承

诺"每卖出一件商品捐助 0.5 元",打造边疆爱心名片。由于企业的产品定位是中低端、平价童装,因此企业更需要走进贫困人群,从公益的角度切入做品牌推广,让每个中低端收入的家庭孩子都能穿上"调皮孩子"的童装,将企业的"陪伴"文化深入到全国各个基层领域。

（2）搭建发展大平台。下一步,公司将整合集中一些闲散资源,收购当地一些作坊式的生产小企业,在湖州筹建工业园区;另外,在原有的广州研发部基础上,招募知名设计师等优质的研发人才"合伙"加盟联合经营,在广州筹建研发中心,打造国内最好最大的童装研发中心。

案例六:"仓储式品牌女装尾单批发及折扣店连锁加盟"的静衣库

宁波市鄞州静衣库服饰有限公司成立于 2013 年,公司主营国内一线女装品牌尾货、欧美尾单、韩版女装尾单批发及品牌女装折扣店连锁加盟。作为一家仓储式专业服饰批发企业,始终本着"诚信、共赢、创新、务实"的经营宗旨,让每一位爱美女性穿上性价比高、品质好的时尚女装,引领都市女性的穿衣品味,让静衣库成为您家旁边的衣橱。

宁波静衣库前身是以个人经营批发方式销售大量的库存单。2007 年以宁波太平鸟女装为主进入服装尾货领域,并根据市场需求经营韩国女装尾单、欧美货尾单等,历年销售件数均达几十万件以上。经过几年摸索积累,凭藉准确的市场定位成功转型,现主营国内一线品牌批发、辅以欧韩尾单批发及品牌女装折扣店连锁加盟、省级代理加盟的发展模式,目前已拥有近 2 000 平方米服饰展示厅,宁波地区已开加盟店 80 余家,黑龙江省、江西省等省级代理都在大量加盟中,全国散货批发客户也有几百家,年销售已达百万件时尚女装,销售网络遍及全国 10 多个省和近 100 个地级市、县。

另外,还有宁波日滋服饰有限公司,在国外设有设计中心等。

3.4 古林镇纺织服装企业的基本判断与存在问题

3.4.1 基本判断

3.4.1.1 企业家专注度高,单项能力强,其中还有专精的行业制造冠军

古林镇纺织服装企业的企业家们,他们工作敬业,脚踏实地,吃苦耐劳,扛得住诱惑,一直以来专注于本行业的生产和经营,具有甬商的显著特点。由于专注,他们中一部分企业脱颖而出,如龙升制衣,成为泳衣领域中的"隐形冠军"。另一方面,部分企业家安于现状,"守家业"意识强,对长远缺少梦想。

3.4.1.2 区域内纺织服装产业链配套较为齐全,小微企业忙闲不均

古林镇 1 284 家纺织服装企业中,注册资金大于 500 万元的纺织服装企业只有 52 家,个体工商户有 310 家,占到企业总数的 14.4%;绝大部分小微企业主要承接订单和来料加工业务,企业存在忙季与淡季,忙时加班加点,闲时关门歇业。纵观古林镇纺织服装企业的主营业务,涉及纺织品、功能面料的研发,家纺产品的制造,服装、服饰及面辅料和针织品的制造、加工、销售,纺织品印染、服装绣花、数码印花、花边、缝纫线、商标生产,服装机械,以及策划与设计、电商与跨境电商等,产业链齐全。就个体来说,他们的传统制造基础较好,制造能力强,生产质量也能够得到保证。

3.4.1.3 成本上升,人才紧缺

古林镇纺织服装企业占海曙区纺织服装企业总数近六成,而规模以上纺织服装企业实现的产值仅占海曙区的二成。纺织服装产业是劳动密集型产业,在快速发展时期提供了大量的就业岗位,吸引了数以万计的务工人员。古林纺织服装企业的一线工人主要来自江西、安徽、四川等地,本地用工为少数。随着中西部经济崛起,留住了大量外出务工人员在本地就业,再加上外来人员的长期留用需要社会保障、子女入学等现实问题未能较好解决,使外地用工人员流入减少。本地居民在新农村建设中财富速增,本土人员到服装企业就业动力弱化。近年来纺织服装产业成本不断上升,其中原料成本和人工费用增加是成本上涨的主要因素之一。古林一部分纺织服装企业,为了减少成本上升对企业的影响,产生了用低价的不熟练劳动力(帮忙工)替代高价的熟练劳动力的倾向,使劳动雇佣合同短期化,形成"流水型"的劳动雇佣机制,这不利于劳动力素质的提高。企业除了熟练技术人员较为紧张外,还缺乏服装技术开发、服装设计、品牌营销、国际贸易和跨国经营专业人才。人才缺乏,制约了企业能力的提升。

3.4.2 存在问题

3.4.2.1 企业间合作关系弱,未能形成产业集群的网络优势,导致区域内企业竞争过度

产业集群的竞争优势的重要来源是集群内部中小企业的分工协作。古林纺织服装集群内的中小企业专注各自的制造加工环节和贸易环节,加工品质精益求精,体现出产业的整体优势。目前古林镇的大中型纺织服装企业相对独立,建有各自的生产与营销体系,但对区域内小微企业的相互提携发展不足;小微企业的专业化定位欠明确,专、特、新不足,与大企业配套与协作欠和

谐，小微企业也在各自忙于接单，企业之间协作分工不明确，由此造成产品设计相互模仿、产品雷同，区域内企业缺乏协作，成为竞争关系，导致内部竞争过度。

3.4.2.2 服装产业社会化服务体系对产业的支撑与支持不足，服装业缺乏专业市场和面辅料市场支持

从个体上看，古林镇纺织服装产业链较为齐全，但纺织服装产业的产业链中有个突出问题，即缺乏服装市场和中高档面辅料的专业市场，导致整个纺织服装产业欠完善，成为产业升级的瓶颈之一。专业市场是产业集群发展到一定程度的必然产物。众多案例表明，专业市场网络有助于形成更大范围的产业链，进而促进各个专业化产业集群不断发展。比如在绍兴市区和绍兴县以化纤和面料生产为主，并拥有柯桥·中国轻纺城这一专业市场；上虞以棉纺织为主，嵊州以领带为主，诸暨以袜子为主，新昌以毛纺和纺机为主，这些地区也都形成了或大或小的专业市场。江苏已经形成了常熟服装板块、江阴毛纺板块、吴江丝绸板块、张家港毛纺毛衫板块、海门家纺板块等，还有一大片"一乡一品"的特色乡镇，如丝绸名镇盛泽镇等，而在宁波缺乏具有当地特色的专业市场。这样就形成原料采购、产品销售话语权掌握在别人手里的被动局面，成为新时期宁波纺织服装业发展的主要瓶颈和困难之一。

3.4.2.3 加工制造设备精良，企业管理水平不高，产品质量仍有提升空间

古林纺织服装企业的设备普遍较好，企业也较重视在设备方面的投资。但是由于管理水平有限，尽管主要企业已经通过ISO质量认证，一些企业的纺织服装产品质量仍不太稳定。纺织服装质量是集群的生命，品牌战略是建立在稳定可靠的品质保障基础上的，提升产品质量仍是企业的重要任务之一。

3.4.2.4 品牌管理只重视产品品牌，忽略了制造商的企业品牌和产业集群的区域品牌，未能充分体现服装制造基地的整体价值

品牌作为商标，其原始功能是在市场上表现出企业产品的独特性。服装企业相当重视品牌建设，但多数只关注服装产品的品牌。区域品牌和制造企业品牌则很少重视。订单生产型企业通常认为自己是贴牌生产，无需要创立品牌，其实生产企业的高品质、交货及时性、客户服务的周全性等企业商誉都属于品牌特征，制造商可通过创立制造商品牌保持竞争力。一个产业集群中的企业如果能共同自觉维护产地的声誉，就能创立区域品牌。区域品牌的设立可以使区域内的小企业享受到品牌的影响力。服装产业集群唯有全方面地建设区域品牌、制造商品牌和产品品牌才能突显其品牌价值。

4 推进古林镇纺织服装产业发展的若干建议

4.1 发展古林镇纺织服装产业定位与思路

4.1.1 明确三个问题

一是认清现代纺织服装产业发展方向,增强产业自信。长期以来纺织服装业一直被视为低端的劳动密集型产业,然而纺织作为一种独特的基础材料已经广泛应用于国民经济的航天航空、交通运输、建筑工程、人造器官等领域,功能面料的开发,使功能服装的品类不断涌现。要正确认清纺织服装产业是提升创新类的优势产业,增强企业家的信心和热情,以增强产业自信。

二是纺织服装业是古林镇今后区域经济创业的基本面,是企业创新创业、劳动力就业的最重要领域。古林镇纺织服装的产值贡献,占古林镇工业总产值的43.3%,对古林镇的发展起到举足轻重的作用,一定程度上可以说纺织服装业是古林的经济基石。

三是纺织服装业是古林镇经济结构调整、发展创新型经济乃至创新型城镇的重要一翼。对于古林镇打造智尚特色小镇,推进产业结构优化调整、加快工业新型化发展具有重要的现实意义和战略意义。

4.1.2 发展定位

2016年9月28日,浙江省人民政府发布了《国务院关于同意浙江省调整宁波市部分行政区划的批复》(国函〔2016〕158号),古林镇划归海曙区。新海曙区内,已有纺织服装企业2 157家,规模以上企业实现产值超过300亿元,约占全市服装产业总产值的四分之一。龙头企业云集,有雅戈尔、杉杉、太平鸟、维科、博洋、狮丹努均列入2016年宁波市综合百强企业名单,成为宁波市纺织服装强区。为提振区域服装产业发展后劲,海曙区部署"服装+"的发展模式,积极引导服装产业转型升级:龙头企业"两头发力",布局线上产品营销与线下用户体验,中小企业开阔视野提升产业"腰部力量",在传统服装制造的基础上融入智能制造、艺术设计、文化创意等元素,提升产品附加值。

古林镇加入海曙区后,有利于古林镇经济加快向都市经济转型,要抓住古林镇划归海曙区的"地利机遇",依托宁波市重点纺织服装产业,古林镇纺织服装产业在都市经济模式下,将迎来了重大发展机遇:大中纺织服装企业将从劳动密集的制造环节突围,向产业链两端的研发设计和品牌营销延伸,以品牌提升为引领,培育优势骨干企业,推进产业集群发展;小微企业则为自主创新、自主品牌的高端纺织服装产业服务,支撑起纺织服装产业的"腰部力量";创建古林镇企业自主品牌传播中心和服装及面辅料市场,将古林镇打造成为宁波纺织服装的一个特色小镇,从而提升古林镇的纺织服装基地的地位(图 2-24)。

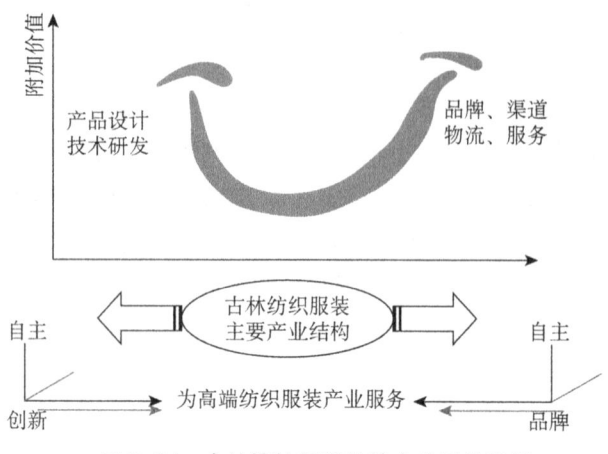

图 2-24 古林镇纺织服装技术发展的路径

4.1.3 发展思路

全面贯彻落实党的十九大精神,根据宁波服装业"十三五"规划,市委、市政府关于《宁波市全面改造提升传统制造业实施方案(2017—2020 年)》(甬政发〔2017〕77 号)通知和国家的"一带一路"倡议,提升大中型纺织服装企业自主创新设计能力特别是平台经济型模式,以增强小微企业专、精、特制造能力为基础,搭建互联网平台,实现小微企业闲置资源的高效利用。积极培育"古林纺织服装"这一区域自主品牌和地域标识为导向,接轨"一带一路",主动嵌入到宁波服装产业链中,成为宁波纺织服装制造基地、服装展示与营销中心、面辅料采购中心,成为小微企业转型示范区。

通过政府引导、专家指导、专业机构辅导、企业主导,实现纺织服装产业的整体转型,提升服装产业由加工至创意的发展内涵。

(1) 提高服装制造水平,打造纺织服装制造基地。以信息化和先进技术为手段,打造现代服装制造中心。培育更多的服装企业参与到"一带一路"的建设中,加大与国际服装产业链的整合。继续扩大与保持古林镇服装生产制造的产业优势,服装企业完成工艺流程升级和产品升级,全面提升产品质量,实现功能升级,鼓励有条件的企业,从原来单一的加工(OEM),向设计加工(ODM)方向转型。接轨"一带一路",深化国际市场的发展与开拓,鼓励企业成为全球重要服装采购商的主要供应商,更深入地嵌入到国际服装产业价值链中,防止国际买手采购转移的风险。

（2）推广"分享产能""共享工厂"的新型生产模式，实现小微企业闲置资源的高效利用。用 Made in Internet 的方式推动供给侧改革，通过互联网和数据的赋能，促进传统纺织服装制造业的生产方式进行升级。未来纺织服装的趋势是定制化、小单化，反映在工厂生产的小单也会越来越多，而这恰恰是小微企业的强项。目前小微企业的生产以代工为主，每年的七八月份为生产空档期，有的企业全年生产线空闲的时间前后加起来将近半年时间，这是小微纺织服装加工企业最难熬的日子。通过搭建互联网平台，可成立"虚拟联合工厂"，统一接单，集中打样，再按照每家工厂的生产情况分配，实行"谁的机器在空闲、谁有档期、谁去做"模式，既可避免延期交货的问题，也让淡季"不淡"，盘活了小微企业的制造资源。

（3）培养买手，打造纺织服装展示、服装营销和面辅料采购中心。服装产业的核心竞争能力或价值附加能力来源自流通环节。有强大的品牌优势和销售渠道的企业，通过组织全球采购和 OEM 等活动，拉动服装企业的销售，占据服装价值链的高端。依靠宁波市纺织服装著名企业的实力和古林现有的面辅料基础，依托毗邻宁波客运中心、栎社国际机场等重要交通枢纽以及杭甬高速、绕城高速、甬金高速、轨道交通二号线等出口站点的地理优势，借势奥特莱斯，建立企业自主品牌的服装展示及服装营销中心，实现向买手经济的转移。培育与引进国际服装总部，结合航运中心建设，建设服装贸易中心，实现向现代服务业转型。

（4）打造小微企业转型示范区。古林镇 1 284 家纺织服装企业中，小微企业占到近九成，多数中小服装加工单位体量较小，在服装产业价值链中位于价值链的低端，生存艰难，但是这些企业又有较好的制造基础，如果这些企业成功转型，能深深植入宁波纺织服装制造的生产网络之中，同样也能保持可持续发展的竞争力，在服装产业价值链中获取更多的话语权。

4.2　发展古林镇纺织服装产业建议与措施

4.2.1　建议

围绕宁波中国制造 2025 试点示范的工作部署，实施增品种、提品质、创品牌的"三品"行动，以供给侧结构性改革，增强产业创新能力，优化产业结构，推进智能制造和绿色制造，不断提高发展质量和效益。

（1）成立纺织服装行业协会。可先行成立企业自发的纺织服装行业协会，发挥协会对古林大、中、小、微纺织服装企业的凝聚作用；继而与中国纺织联合会接洽，争取获得国家级的区域性纺织服装特色镇，借助中国纺织联合会的资源，打好古林纺织服装这张牌,由此形成产业发展的良好氛围;协会整合主流媒体、网络媒体、时尚媒体、自媒体等宣传资源,组织召开纺织服装特色小镇建设及推广大会,加强品牌宣传力度,提升本土纺织服装品牌知名度;协会全方位推动企业与"一带一路"国家的战略协作,加强时尚、文化、旅游等开放合作,扩大国际影响力。

(2) 推进纺织服装产业转型升级。将古林镇纺织服装产业主动融入宁波的纺织服装产业链中,完善产业链环节、协调产业链中的上下游关系,着力建设科学、优质、高效的产业链体系。建设网络化、数字化协作服务体系,培养产业区域数字中心,实现产业链协同发展。促进不同规模、不同经营方式企业形成依存共生的产业群落;鼓励大企业做强,推进建设产业制造生态体系,引导产业组织方式变革,构建产业发展新模式、新架构;推动专注型企业做好产业链的某个环节,学会做减法,做专、做精、做特,做单项冠军、单品冠军。

(3) 推进纺织服装产业与智能制造深度融合。推进产业智能化。一是装备智能化。着力提升基础装备水平,推进人工转机器、单机转单元、机械转自动、自动转智能设备更新,推广应用智能的高效直驱式数控缝制设备,推进缝制设备智能化。二是生产过程智能化。加快生产流程再造,推广应用集成系统,加强系统连接和组合,实现平台集成应用,试点建设自动化、智能化生产线。三是经营管理智能化。推动研发设计、生产制造、检验检测、数据管理、工程服务等云应用信息化服务平台建设,实现设计、制造、销售、管理等环节的资源整合,实现需求预测、产品设计、柔性加工、供应链优化全程数据支持,逐步推进智能化经营管理。进行智能柔性定制平台的研发及商业化,争取有项目入围省市智能制造试点示范项目。

(4) 引进、培育一批平台型企业。平台思维为传统企业持续创新发展提供新思路,使信息传递变得更为高效、沟通更为顺畅,企业与外界的连接也会更广泛、更及时以及成本更低;同时能够满足为消费者提供更为个性化、定制化的产品和服务,让提供的产品和服务更多样;可提升企业跨界融合的能力,增加了共享和整体服务,带来巨大的整合空间和市场价值。尤其是有条件的大企业可以平台化发展,集合产业优质资源,促成产业融合创新,提高品牌价值创造力;小企业要互联化地融入平台,成为其中新生产、新营销单元,打造"小而美"的新优势。特别是外贸企业,从全链性企业到专业性企业,将面料、设计、展示、金融等进行集成,打造线上、线下,链前链后的B2B、O2O商业模式。平台型企业要有商学院和社会基金组织。

(5) 推进纺织服装产业空间升级。体现时尚与美感是纺织产业升级的一个核心动力,创意使纺织产业时尚化,特别为服装和家用纺织品领域提供了精神与灵魂。纺织服装产业与时尚创意相结合,需要整体提升区域空间的时尚化,乃至重构时尚空间。要引进和培育一批非制造加工的时尚类企业,诸如设计、广告、商端中介型企业等,在奥特莱斯边上,借势建设宁波服装市场、生产性要素中心(如设计、打板、绣花等)、面辅料市场、智能制造设备中心,并将其接入平台,采用线上线下相结合的方式。

(6) 推进商业模式的创新应用。"互联网+"背景下,信息网络技术与传统制造业深度融合,已颠覆了传统的商业模式,实现了从制造设备、生产管理系统的智能化到商业链的重构。鼓励企业主动融入"互联网+",大力开展电子商务,发展"时尚+移动互联网"新业态,实现"线上线下"互相融合,共享存货、物流、信息和服务。

(7) 培育服装展示、营销与面辅料专业市场。为满足服装时尚化、功能化、舒适化的需求,服装企业必须对市场做出快速反应,服装设计师也需要快速地获得更舒适、更时尚的面辅料。根据香港服装业的经验,加强与面辅料生产基地的区域合作,建设一个适用于服装设计与开发的面辅料市场,有助于宁波市服装业的长期发展。目前宁波缺少一个为企业提供面料、辅料及相关饰品的市场,多数生产休闲服装的企业只能到其他地方采购,不能在当地以最低成本、最短的时间、最便利的方式获取设计与产品开发的原料。

(8) 创建一个纺织服装的区域品牌和一个节庆。区域品牌就是指一个地区的区域特征和整体形象,主要包括区域特征、品牌内涵和视觉标识等。古林镇纺织服装历史悠久,产业基础雄厚,已形成较为明显的产业集群,区域品牌象征着纺织服装产业集群的历史与现状,是古林纺织服装产业集群的代表;同时,区域品牌也是一个识别系统,这个识别系统是由区域(地名)和产业(产品)名称为核心构成的,在法律上表现为集体商标。作为产业集群的品牌,区域品牌在性质上既具有产业集群的属性,又具有品牌的属性,都对区域品牌营销产生影响。结合古林的"黄古林草席"的影响力,联合已拥有的惠多、lovetheme、克鲁斯、巴比乐乐、麦中林、22ND、白禾等10多个自主品牌,与传统集市结合日结合,搞一个古林品牌节,扩大古林地方产品的知名度。

4.2.2 措施

4.2.2.1 加强组织协调

(1) 加强组织领导。各级党委政府及领导干部要进一步统一思想认识,加强对纺织服装产业的指导,建立古林镇纺织服装产业的统计指标体系,加强产业统计监测,向社会提供相关统计数据,帮助企业制订发展规划。建立党委领导、政府主导、部门协同、社会参与的推进机制,形成多方联动、密切配合、齐推共促、常抓不懈的强大合力。建立工作协调机制和部门联席会议制度,打破主管部门条块分割管理模式,协调相关部门共同支持纺织服装产业包含技术研发、文化创意、成果产业化、规模制造、商业零售、消费使用的全过程创新。

(2)完善统筹机制。坚持城镇治理体系现代化和治理能力现代化,加强统筹管理,加大存量用地挖潜力度,合理开发利用城市地下空间资源。服装展示、营销与面辅料专业市场、纺织服装产业基地(园、区)等必须符合宁波城市的整体设计,形成合理的城市空间结构。建立跟踪、监测和实施绩效评估工作体系,为加强和指导推进工作提供依据和参考。

(3)推进重大项目。要谋划、征集和优选重大建设项目,制订宁波纺织服装特色小镇建设的推进计划,列入市年度重点建设项目计划。要从国际视野和国家、省的战略机遇高度,结合我镇实际和可能,精心组织谋划一批重大项目,争取列入省和市支持的项目。

4.2.2.2 制定有效的扶植政策,支持产业升级与自主品牌的创建工作

(1)镇财政要安排专项资金用于支持服装企业升级和自主品牌建设。企业也应按照不低于1∶1的比例安排配套资金,主要用于鼓励品牌企业技术创新,开拓市场,搭建公共服务平台,人才培养和引进,推动产学研结合,企业去国外参展和发布等。对荣获中国名牌和省级名牌,以及在行业评比中荣获重要奖项的企业给予奖励。

(2)在资金税收方面给予扶持。服装自主品牌需要在广告、宣传、发布等方面前期投入更多的资金。虽然政府颁布了一些新的政策,但还未形成完整的支持企业发展的金融政策体系,致使企业的融资和贷款仍然受到束缚和影响。建议银行贷款政策向向自主品牌企业倾斜,拓宽贷款条件、提高贷款金额,帮助解决品牌企业流动资金缺乏、贷款难、担保难的问题。

(3)为自主品牌进店名街创造条件。目前,全国各大知名商场中80%都是国际知名品牌,国内自主品牌少而又少,政府将出台相关鼓励政策,使自主品牌在大店、名店、知名商业街区有一席之地。要造成以经营自主品牌为荣的氛围,对做出成绩的商场要进行奖励。

4.2.2.3 加大支持力度,增加资源投入

政府各主管部门形成合力对纺织创新项目有共同管理和资助。加大财政力

度和优惠政策,积极发展债券、股权交易、融资租赁,提高金融服务实体经济的能力,特别是对小微企业升级转型,创新企业的金融扶持。转变政府资金扶持方式,大力推广政府和社会资本合作(PPP)模式,鼓励社会资本投资具有一定风险的研发与产业化项目。建立纺织服装产业发展基金。特别设立高技术纤维、智能与功能纺织品、产业用纺织品专项基金,强化核心关键技术开发,重点扶持科技成果产业化项目。

4.2.2.4 加强国际间交流与合作,开拓多元化国际新兴市场

对应国家的"一带一路"倡议,有实力的纺织服装企业应采取"走出去"战略,通过到国外投资、加入国际供应链与跨国公司进行品牌联营等方式,将自己的产品直接销到国外去,有效避开贸易风险,为产品扎根国际市场奠定基础。其次要加大市场开拓力度,避免出口过度集中在美国、欧盟等主要市场,化解出口风险,实现国际市场多元化。服装企业到中南美、东欧、非洲、南亚等"一带一路"国家建立纺织生产加工基地,充分利用发达国家给予这些国家和地区的优惠待遇以及区域性或双边贸易协定,绕过贸易壁垒,扩大纺织服装出口。

4.2.2.5 加强对各类人才的引培力度

(1)加强企业对名师的吸引力。鼓励企业引进国内外高端时尚设计人才和团队,建立针对性、长期性的人才引进机制和人才评估机制,创造适合国内外各种优秀人才的美好生活环境和良性竞争氛围,在古林的研发、设计、制造、销售等各个环节上集聚更多优秀人才。优化对高层次人才医疗保健、子女就学、家属就业等方面的服务。

(2)加强企业对实用人才的培养力度。加强对现有设计师、打板师、工艺技术人员、经营管理人员等企业一线技术人员的培训,通过组织设计师参加国内外具有影响力的设计大赛,与浙江工商职业技术学院合作,培养、发现一批优秀人才,并予以专项资金支持和重点培养。建立由学生实习实践、公开培训讲座、调研和考察活动、企业内部培训等方式组成的人才培养机制。

4.2.2.6 发挥行业协会的作用,营造良好发展氛围

积极与中国纺织联合会接洽,争取早日成为国家级的古林纺织服装特色小镇,借助中国纺织联合会的资源,打好古林纺织服装这张牌。整合主流媒体、网络媒体、时尚媒体、自媒体等宣传资源,组织召开"纺织服装特色小镇"建设及推广大会,加强品牌宣传力度。提升本土纺织服装品牌知名度,形成良好的发展氛围。制订并实施短中期相结合的城镇形象宣传计划,充分发挥重要载体、重大事件、国际媒体和名人、名企效应。全方位扩大国际交流合作,加强时尚、教育人才

国际交流与合作,加强时尚、文化、旅游等开放合作,提升城镇的国际化形象。开展名人营销,扩大宁波商界、文化界、艺术界名人的世界影响力。

注:《古林镇纺织服装行业规模调查和创新发展报告》为浙江工商职业技术学院服务属地政府的一个横向课题(2017029),完成时间为2017年6月,课题负责人:王若明教授。

专题三 "一带一路"倡议下宁波纺织服装行业外向型发展基础

1 项目研究的背景

1.1 国内背景

①"丝绸之路经济带"和"海上丝绸之路"将成为我国全方位开放格局建设的又一抓手。商务部部长高虎城指出,要推进"一带一路"建设,形成全方位开放新格局。推进丝绸之路经济带建设,要用好现有多双边经贸合作机制,明确重点合作领域和项目,提升贸易投资便利化水平,支持在有条件的国家设立境外经贸合作区,与更多的沿线国家探讨建设自贸区,促进经贸畅通。②李强在浙江省政府工作报告中指出,要着力提升浙江发展在全国的战略地位,积极参与丝绸之路经济带和21世纪海上丝绸之路等战略的实施,大力推进宁波—舟山港一体化,积极推进全省沿海港口、义乌国际陆港的整合与建设,加强江海联运、海陆联运体系建设。另外,"义新欧"中欧班列运行常态化也将稳步推进。③根据"21世纪海上丝绸之路"的战略构想,宁波成为"桥头堡"和"新走廊"具有许多显著优势:复合型的区位优势;国际化的港口优势;全面开放的平台优势;面向东盟的经贸合作优势;走向东盟的历史人脉优势[1]。

1.2 国际背景

①"一带一路"沿线大多是新兴经济体和发展中国家,总人口约44亿,经济总量约21万亿美元,分别约占全球的63%和29%。这些国家普遍处于经济发展的上升期,开展互利合作的前景广阔。引导我国轻工、纺织、建材等传统优势产业和装备制造业走出去投资设厂,在更加贴近市场加工制造的同时,可以带动

---

[1] 五大优势:宁波"擎天柱"[J].宁波经济(财经视点),2014-10-10.

沿线国家产业升级和工业化水平提升①。②"一带一路"倡议构想及其实践有利于将中国与沿线国家之间的政治互信、地缘毗邻和经济互补等优势转化为现实的利益格局和命运纽带,无疑将为中国和世界的发展注入强大动力。但在聚焦"一带一路"构想宏大的经贸合作前景时,也需要关注其面临的来自政治和安全领域的现实挑战与难题。一是"一带一路"建设将深入多个安全高风险地带。二是"一带一路"沿线不少国家存在政局不稳、政治腐败和法制不完善等政治风险。三是"一带一路"沿线国家文化形式多样且差异明显②。③随着中国成为世界第二大经济体,国际社会上"中国威胁论"的声音不绝于耳。"一带一路"的建设,正是中国在向世界各国释疑解惑,向世界宣告和平崛起:中国崛起不以损害别国的利益为代价。

2 研究的路线图和研究方法

2.1 研究的路线图

路线图(Road Map)方法是一种有效的战略规划方法,不仅广泛运用于企业、行业的战略管理③。本研究运用路线图方法对"一带一路"倡议背景下宁波纺织服装行业的外向型发展进行战略策划。具体的路线图见图3-1。

2.2 研究方法

(1) SWOT分析法:利用SWOT方法分析"一带一路"倡议对宁波纺织服装行业的影响,认为"一带一路"倡议使宁波纺织服装行业优势得到加强,使宁波纺织服装行业的劣势有所消减,将扩大了宁波纺服企业的发展机遇,并使宁波纺服企业更好地应对对外发展面临的挑战。

(2) 路线图方法:路线图(Road Map)方法是一种有效的战略规划方法,不仅广泛运用于企业行业的战略管理,而且运用于公共领域的公共决策。运用路线图方法分析宁波纺服行业参与"一带一路"建设具有以下优势:第一,"一带一路"倡议规划是一项复杂的系统工程,涉及经济和社会多方面的关系。第二,"一带一路"是一项长期的规划,需要战略策划。第三,"一带一路"倡议是新生事物,对待新生事物需要有一个科学严谨的学习态度。

---

① 管理要."一带一路"思路下对经济转型模式的思考企业[J].改革与管理,2014年第23期.
② 崔洪建."一带一路"建设中的政治安全与海外利益保护[N].人民政协报,2014-10-13第008版.
③ 戴维·奥斯本,彼得·普拉斯特里克.政府改革手册:战略与工具[M].北京:中国人民大学出版社,2004:500-501.

专题三 "一带一路"倡议下宁波纺织服装行业外向型发展基础

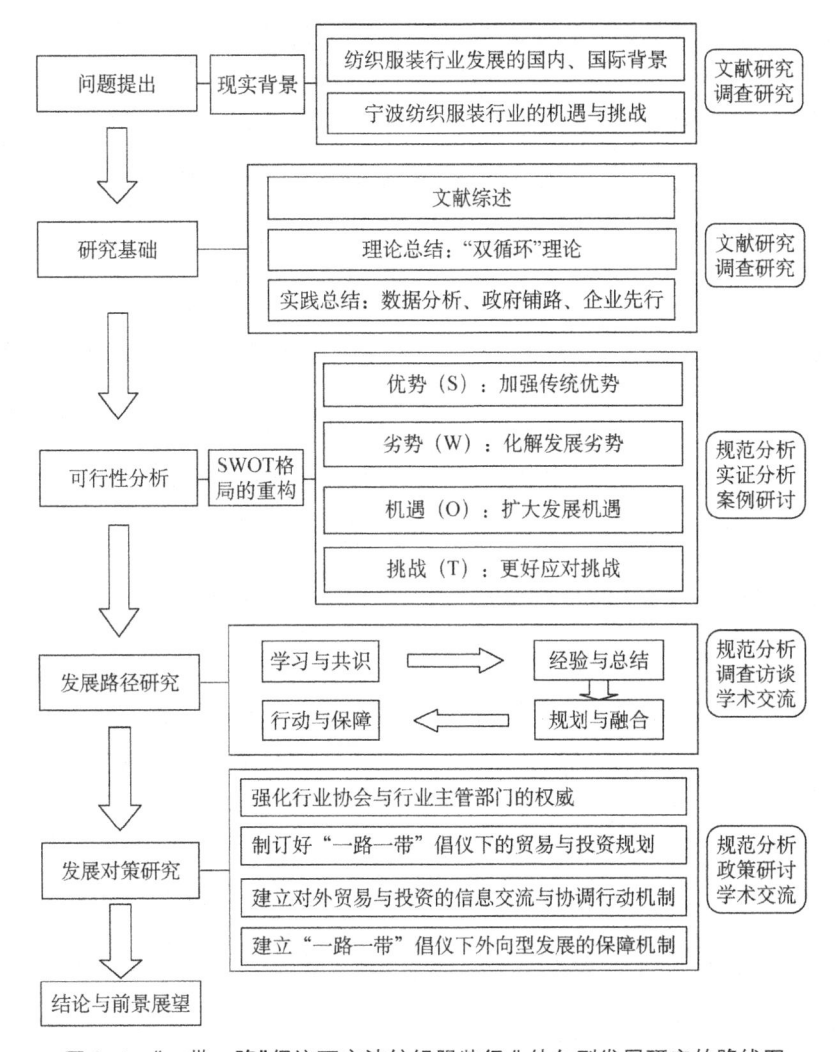

图 3-1 "一带一路"倡议下宁波纺织服装行业外向型发展研究的路线图

（3）定量分析法：在企业实地调研的基础上，收集整理了宁波纺织服装产业近20年发展的基础数据，运用比较分析、比率分析、趋势分析等方法进行研究，提出产业发展过程中面临的一些问题，并提出相应的建议。

3 "一带一路"倡议下宁波纺织服装行业外向型发展的理论依据

3.1 要素禀赋理论及指导意义

生产要素禀赋理论是瑞典经济学家赫克歇尔和俄林提出的，该理论认为：不同的商品需要不同的生产要素比例,而不同国家拥有的生产要素相对来说是不同的,因此,各国应生产那些能密集地利用其较充裕的生产要素的商品,以换取那些需要密集地使用其稀缺的生产要素的进口商品[①]。要素禀赋理论要点如下:(1)每个区域或国家用相对丰富的生产诸要素(土地、劳动力、资本等)从事商品生产,就处于比较有利的地位;而用相对稀少的生产要素从事商品生产,就处于比较不利的地位。因此每个国家在国际分工、国际贸易体系中应生产和输出丰富的商品,输入稀少的商品。(2)国际贸易的直接原因是区域贸易或国际贸易的价格差别,是成本的国际绝对差;比较成本差异是国际贸易的重要条件,两国国内各种商品的成本比例不同;不同国家不同的成本比例,源于各国国内生产要素的不同价格比例,而不同生产要素的价格是由供求关系决定的,生产要素价格的不同之比,是因为两国生产要素的供求关系存在着不同之比。各国生产要素供给的不同,是因为各国所赋有的各种要素的数量、种类和质量的不同,国际贸易就是建立在各国各种生产要素不同和价格不同的基础之上的。即使生产要素的供给比例是相同的,由于各国对生产要素的需求不同,也会出现生产要素不同的价格比例,从而为国际贸易提供了条件。(3)商品贸易一般趋向于消除工资、地租、利润等生产要素收入的国际差别。国际分工及国际贸易的利益是各国能更有效地利用各种生产要素。在国际分工条件下,各种生产要素的最有效利用将会比在闭关自守的情况下得到更多的社会总产品。

生产要素禀赋理论对于宁波纺织服装企业参与国际分工拓展海外市场具有重要的理论意义。在新的国际经济条件下,宁波纺织服装行业与"一带一路"沿线国家的纺织服装行业具有不同的生产要素禀赋优势。宁波纺织服装行业具有技术和人才优势,"一带一路"沿线国家的纺织服装行业则具有资源与劳动力成本优势。国内服装市场相对饱和,和海外服装市场尚存在很大的发展空间。

3.2 比较优势理论及其指导意义

比较优势理论是指,在两国间劳动生产率的差距并不是在任何商品上都是相等,对于处于绝对优势的国家,应集中力量生产优势较大的商品,处于绝对劣势的国家,应集中力量生产劣势较小的商品,然后通过国际贸易,互相交换,彼此都节省了劳动,都得到了益处。比较优势理论的核心内容是"两利取重,两

---

① http://baike.baidu.com/link?url=BT3DhiYWeJLYkiriIMwKzA7u_MnYLDvAPbcY-NdAvqAsOKUHG-B5fJcDx_C5A4OECeNfA4eYzY5t8nn4yU-eWthGvab5sPBANhjZ5vVaq-SNtiVC9GhwR250tDiM2RF。

害取轻"。

一般而言,中国现阶段劳动力相对多,资本相对短缺,应该发展劳动力相对密集型的产业,或是资本密集型产业中劳动力相对密集的区段。但是,劳动力密集型产业或者资本密集型产业中劳动力相对密集的区段,可能成千上万,每个地方的资源不可能把符合这两个条件的所有产品都生产出来,这就必须做出选择。具体的选择应该遵循以下三个原则。一是选择当地有传统的产业。例如纺织服装是宁波的传统优势产业,在国内外具有一定的名气,这就是宁波的比较优势。二是当地要有独特的资源。例如宁波有独特的港口优势,物流业发达,可以降低纺织服装的出口贸易成本。三是当地已有产业可以向上下游延伸。比如说宁波服装,虽然原材料贫乏,但宁波利用市场优势,形成了纺织、印染、服装较为发达工业,参与"一带一路"沿线国家的生产贸易,又可以成分利用沿线国家廉价的劳动力和原材料资源,缓解国内在这两方面的不足,符合比较优势。

3.3 "一带一路"倡议下的"双循环"结构理论及指导意义

二战后形成的世界经济体系"中心—外围结构"理论,是基于以美国为中心向外围辐射的经济现实。在该理论结构中,发达国家主要从事研发、设计、销售、管理、服务等高增值环节,并通过国际投资、产业转移等将低增值环节转移到发展中国家;发展中国家则依靠来自发达国家的技术和资金发展工业,并对外出口,以此带动本身的就业和经济增长。但是,国际金融危机的爆发促使发达国家经济增长放缓、有效需求减少,"中心—外围结构"循环减弱。而以中国为代表的广大发展中国家有着促进发展、改善民生、增加就业的迫切需求。经过近40年的改革开放,中国成为世界第二大经济体和第一大贸易体,并由经济大国向经济强国迈进,中国的市场、资金、技术和产能不仅成为发达国家争夺市场和技术的对象,也成为许多发展中国家争夺资金和产能的主要依靠。这使得中国与发展中国家之间形成的新的经济循环已经不同与传统的"中心—外围结构"。基于中国强大的经济实力以及在世界经济中举足轻重的作用,当今世界事实上已经形成了以中国为枢纽的世界经济"双循环"格局,即中国与西方发达国家的第一循环,中国与发展中国家的第二循环。通过第一循环,中国与发达国家进行双向贸易与双向投资,以此促进中国产业升级和产品竞争力提升,发达国家产品也渗入中国市场。通过第二循环,中国对经济落后国家进行资本投资和产业转移,在中国企业开拓海外市场和获得重要的原材料来源的同时,助力这些国家实现工业化和经济起飞。

"一带一路"是世界经济"双循环"结构的关键平台。"一带一路"沿线国家既有西方发达国家,更有众多的亚非欧发展中国家,"双循环"结构理论实质上是中国与这些国家的贸易与投资实践的总结,同时也指导着中国与这些国家的投资与贸易实践。"一带一路"的根本目的,是为了促进经济要素有序自由流动、资源高效配置和市场深度融合,推动沿线各国实现经济政策协调,开展更大范围、更高水平、更深层次的区域合作,共同打造政治互信、经济融合、文化包容的利益共同体、命运共同体和责任共同体。"一带一路"可以释放发展中国家的经济潜能,拓展中国与之合作的空间,推动新的经济循环持续、快速、健康运转。"一带一路"框架下的各种国际经济合作构想与安排,也为新的经济循环奠定组织和制度基础。随着"一带一路"倡议构想的逐步落实,随着中国与广大发展中国家之间的贸易、投资关系不断加强,新的经济循环将展现出强大的活力,世界经济也将会获得新的、源源不竭的增长动力。①

就宁波纺织服装行业来说,改革开放 30 多年来宁波纺织服装产业得到了长足的发展。一方面涌现出了一批具有一定知名度的品牌(如宁波的雅戈尔、申洲),具有在第一循环内与国际知名品牌投资合作的技术基础,通过投资合作,实现国内知名品牌的国际化转型。另一方面,大批中小型纺织服装企业面临着国内市场饱和与劳动力与原材料成本上升等多重压力,通过第二循环内参与"一带一路"沿线发展中国家的纺织服装产业投资与贸易,开辟新的市场,化解自身的劳动力与原材料成本劣势。

4 宁波纺织服装行业运行状况分析与外向型发展实践

4.1 宁波纺织服装行业 20 年发展的数据分析

据宁波年鉴资料,1997 年,宁波纺织服装共有乡及乡以上独立核算企业 1 530 余家,其中,宁波纺织工业有 629 家,服装工业 900 多家。全年实现工业总产值 241.06 亿元,其中,纺织工业 171.09 亿元,服装工业 69.97 亿元。完成工业销售产值 230.12 亿元,其中纺织工业 163.97 亿元,服装工业 66.15 亿元。纺织工业有职工 13.72 万人,固定资产原值 75.88 亿元,净值年平均余额 53.08 亿元,实现利税 13.37 亿元。1997 年,全市服装出口额达到 5.51 亿美元,服装出口额占服装销售产值的 8.33%。1997 年全国服装行业百强企业排序,杉杉、雅

---

① 孙明增,郑高文,张弘.五个问题:从理论视角看"一带一路",天津日报,2016 年 11 月 29 日。转引自 http://www.qstheory.cn/politics/2016-11/29/c_1120013605.htm。

戈尔、罗蒙、一休、洛兹、爱伊美、步云、太平鸟、金海乐等9家企业进入销售收入与利税总额两项指标双百强行列。其中杉杉集团在利税总额百强排名居榜首,雅戈尔排名第二。

1998年,宁波市服装协会成立。现代企业制度取得突破,维科集团和雅戈尔集团股票相继上市。宁波纺织工业国有及年销售收入500万元以上非国有各种经济类型纺织企业461家,年末共有职工12.59万人,资产总额200.14亿元,固定资产原值79.3亿元,净值年均余额54.6亿元。全年实现工业总产值155.79亿元,工业增加值35.29亿元,销售收入167.12亿元,实现利税13.48亿元。1998年底,宁波市各类服装企业1 000余家,全年生产各类服装13.6亿件,约占全国服装总产量的12%。其中年销售收入500万元以上的企业共生产3.05亿件,实现销售额80.8亿元,利税8亿多元。

自1997年起统计口径进行了几次调整。1997年为乡及乡以上独立核算企业,1998年为国有及年销售收入500万元以上非国有各种经济类型纺织企业,2011年,统计口径由年营业收入500万元调整为2 000万元以上(含2 000万元)。2011年用"2011 * *"表示统计口径调整年份。1997—1998年无化学纤维制造业数据,由于统计口径的变化,有些数据可能缺乏可比性,下列分析中"同比%"数据仅比较变动较大的年份和总数。我们对宁波纺织服装产业近20年的发展情况作了调查分析,情况如下:

4.1.1 规模以上企业数"十一五"期间上升最快

1997年宁波市纺织服装乡及乡以上独立核算企业1 530家,到2010年,年营业收入500万元的纺织服装企业达2 036家,2005—2010年逐年增加。2011年,规模以上企业统计口径变化,调整为年营业收入2 000万元,2011年统计企业数大幅减少。口径调整后,企业家数从2011年的933家下降为2015年的917家,其中2013—2014年都发生了负增长。注:2012年纺织业和服装业分类变化,导致细分行业变化大(表3-1、图3-2、图3-3)。

表3-1 1997—2015年宁波市纺织服装企业规模以上企业数

企业数(个)	纺织业		纺织服装、服饰业		化学纤维制造业		合计	
	数值	同比(%)	数值	同比(%)	数值	同比(%)	数值	同比(%)
1997	629		900				1 530	
1998	461		1 000				1 461	−4.50

(续表)

企业数（个）	纺织业		纺织服装、服饰业		化学纤维制造业		合计	
	数值	同比(%)	数值	同比(%)	数值	同比(%)	数值	同比(%)
2005	1 129	144.90	388	−61.20	85		1 602	9.65
2006	1 233		460		83		1 776	10.86
2007	1 247		567		92		1 906	7.32
2008	1 245		624		80		1 949	2.26
2009	1 247		629		82		1 958	0.46
2010	1 299	4.17	659	4.77	78	−4.87	2 036	3.98
2011**	661		204		68		933	
2012	290		607		70		967	3.64
2013	288		575		71		934	−3.41
2014	287		548		70		905	−3.10
2015	282	−1.74	572	4.38	63	−10.00	917	1.32

资料来源：根据宁波年鉴和宁波市统计局数据计算取得。

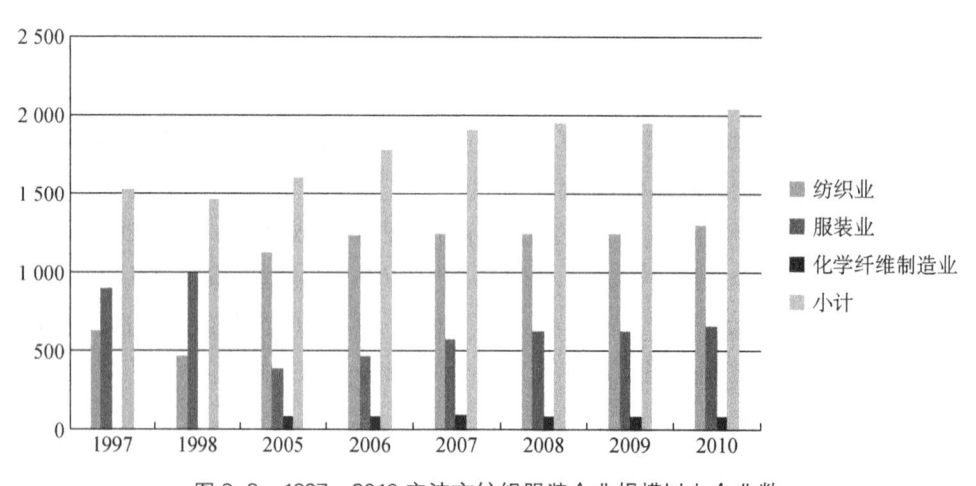

图 3-2 1997—2010 宁波市纺织服装企业规模以上企业数

4.1.2 职工人数"十二五"期间逐年减少

1997—1998 年只取得纺织业职工人数数据，未取得纺织服装、服饰业和化学纤维制造业的职工人数数据。2008 年职工人数最多达近 40 万人，之后开始

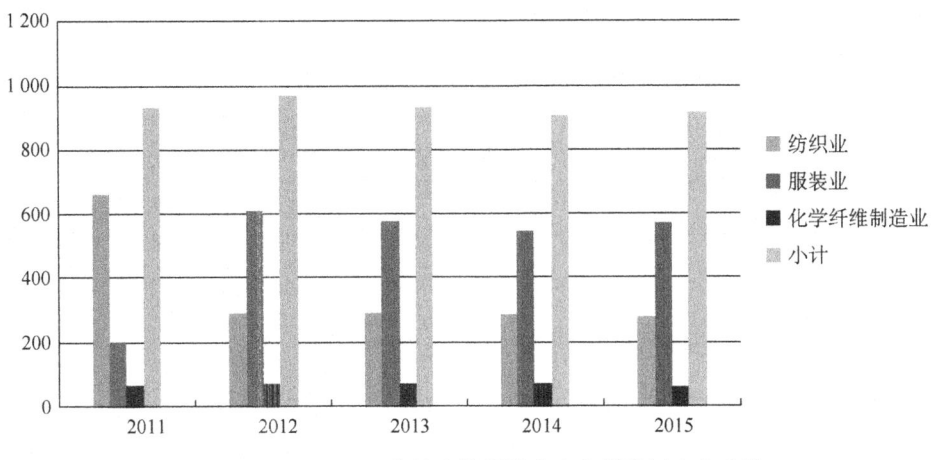

图 3-3　2011—2015 宁波市纺织服装企业规模以上企业数

减少。2011 年改变统计口径,职工人数从 38.66 万人减少到 29 万人,而工业总产值 2011 年却达到最大为 1 238.23 亿元,表明企业劳动生产率得到大幅提高。自 2011 年起职工人数逐年减少,从 2011 年的 29 万余人下降到 2015 年的 23 万余人。注:2012 年纺织业和服装业分类变化,导致细分行业变化大(表 3-2,图 3-4)。

表 3-2　1997—2015 年宁波市规模以上纺织服装企业职工人数

职工人数(人)	纺织业		纺织服装、服饰业		化学纤维制造业		合计	
	数值	同比(%)	数值	同比(%)	数值	同比(%)	数值	同比(%)
1997	137 200		＊＊＊		＊＊＊			
1998	125 900		＊＊＊		＊＊＊			
2008	211 858		171 204		16 446		399 508	
2009	199 453		170 076		16 884		386 413	−3.28
2010	233 901		135 038		17 661		386 600	0.05
2011**	196 931		75 475		17 661		290 067	
2012	66 575	−66.16	184 474	144.42	14 180	−19.71	265 229	−8.56
2013	62 573	−6.01	170 712	−7.46	10 989	−22.50	244 274	−7.90
2014	60 912	−2.65	162 182	−5.00	9 202	−16.26	232 296	−4.90
2015	58 249	−4.37	164 520	1.44	9 585	4.16	232 354	0.02

资料来源:根据宁波年鉴和宁波市统计局数据计算取得。

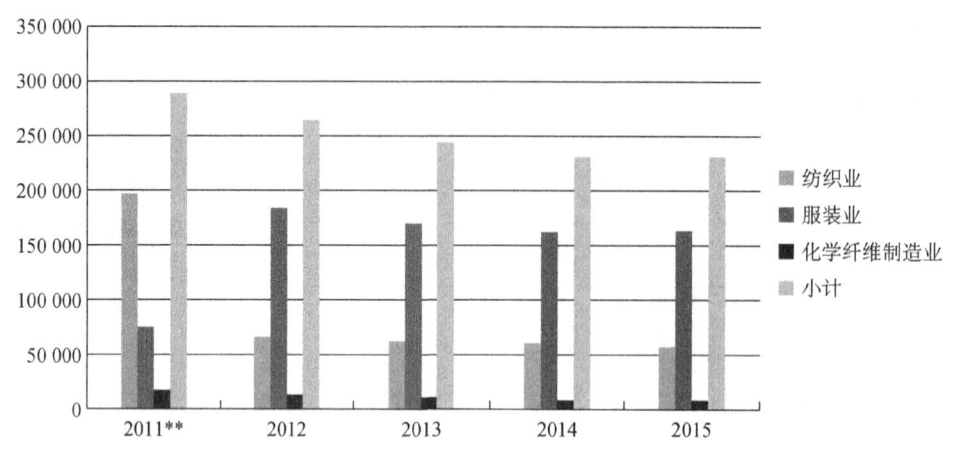

图 3-4　2011—2015 宁波市规模以上纺织服装企业职工人数

4.1.3　工业总产值近 20 年增长近 4 倍

1997 年宁波纺织纺织业工业总产值 241.06 亿元,2005 年达 656.87 亿元,比 1997 年增长 172%;2010 年 1 208.9 亿元,比 2005 年增长 84%,2015 年 1 180.44 亿元,近 20 年增长 390%。"十一五"期间逐年上升,2011 年变更统计口径,在减少企业家数的情况下工业总产值达到最大为 1 238.23 亿元。"十二五"期间没能延续逐年快速上涨势头,波动较大。注:2012 年纺织业和服装业分类变化,导致细分行业变化大(表 3-3,图 3-5,图 3-6)。

表 3-3　1997—2015 年宁波市规模以上纺织服装业及细分行业工业总产值

工业总产值（亿元）	纺织业		纺织服装、服饰业		化学纤维制造业		合计	
	数值	同比(%)	数值	同比(%)	数值	同比(%)	数值	同比(%)
1997	171.09		69.97				241.06	
1998	155.79		80.8				236.59	
2005	372.78	139.28	174.59	116.07	109.5		656.87	177.64
2006	439.35		211.34		153		803.69	22.35
2007	475.25		274.49		184.8		934.54	16.28
2008	521.75		304.34		165		991.09	6.05
2009	506.49		324.67		170.4		1 001.56	1.06
2010	685.65	35.37	310.14	−4.47	213.11	25.06	1 208.9	20.7

(续表)

工业总产值(亿元)	纺织业		纺织服装、服饰业		化学纤维制造业		合计	
	数值	同比(%)	数值	同比(%)	数值	同比(%)	数值	同比(%)
2011**	738.05		211.1		289.08		1 238.23	2.42
2012	345.07		583.98		219.69		1148.74	−7.22
2013	351.61	1.89	600.91	2.89	171.1	−22.11	1 123.62	−2.18
2014	367.87	4.62	646.72	7.62	155.97	−8.84	1 170.56	4.18
2015	362.05	−1.58	659.13	1.92	159.26	2.11	1 180.44	0.84

资料来源：根据宁波年鉴和宁波市统计局数据计算取得。

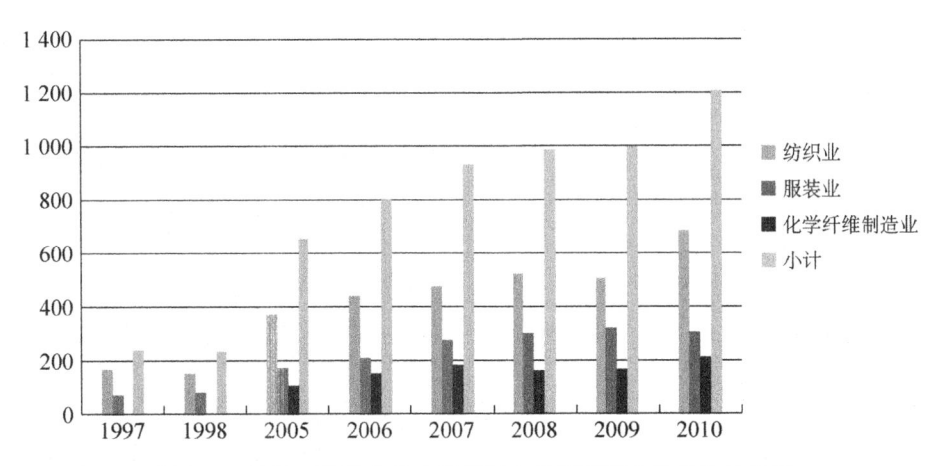

图 3-5 1997—2010 宁波市规模以上纺织服装企业工业总产值

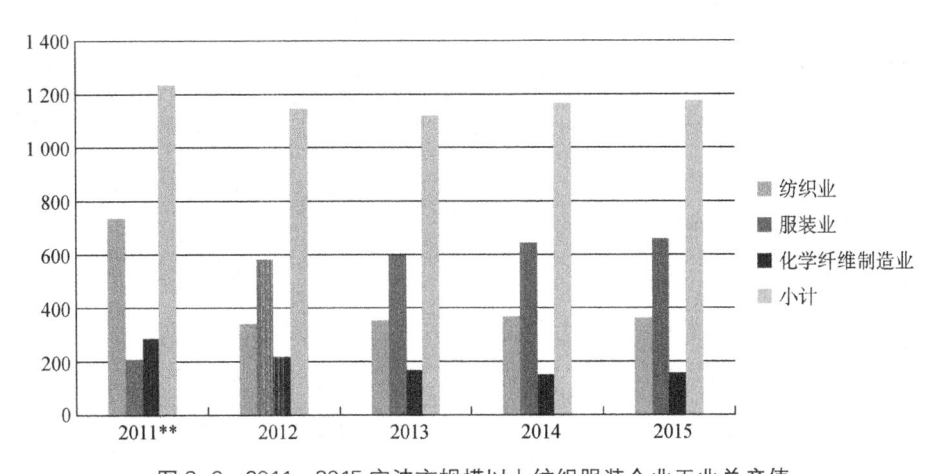

图 3-6 2011—2015 宁波市规模以上纺织服装企业工业总产值

4.1.4 出口交货值增速比工业总产值增速小

1997年据宁波年鉴仅取得服装工业的出口数据,1998年未取得出口数据。2005年出口交货值308亿元,2010年达到最大为515.08亿元,比2005年增长67%;2015年为421.03亿元,比2005年增长37%,但比2010年下降18%。"十一五"期间增速较快且逐年增长,其中2009年增速最小,但"十二五"期间开始下滑且波动加大。近20年出口交货值增速远小于工业总产值的增长。注:2012年纺织业和服装业分类变化,导致细分行业变化大(表3-4,图3-7、图3-8)。

表3-4 1997—2015年宁波市规模以上纺织服装企业出口交货值

出口交货值（亿元）	纺织业		纺织服装、服饰业		化学纤维制造业		合计	
	数值	同比(%)	数值	同比(%)	数值	同比(%)	数值	同比(%)
1997	***		5.51亿美元		***			
1998	***		***		***			
2005	214.34		83.96		9.7		308	
2006	245.25	14.42	115.52	37.59	13.4	38.14	374.17	21.48
2007	249.02		161.43		17.5		427.95	14.37
2008	273.12		162.54		21		456.66	6.71
2009	254.78		187.63		14.9		457.31	0.14
2010	362.07	42.11	136	−27.52	17.01	14.16	515.08	12.63
2011**	340.44		65.25		27.05		432.74	
2012	85.47	−74.89	301.34	361.82	14.72	−45.58	401.53	−7.21
2013	76.13	−10.92	308.24	2.29	12.93	−12.16	397.3	−1.05
2014	86.96	14.23	316.66	2.73	15.44	19.41	419.06	5.47
2015	79.76	−8.28	325.31	2.73	15.96	3.37	421.03	0.47

资料来源:根据宁波年鉴和宁波市统计局数据计算取得。

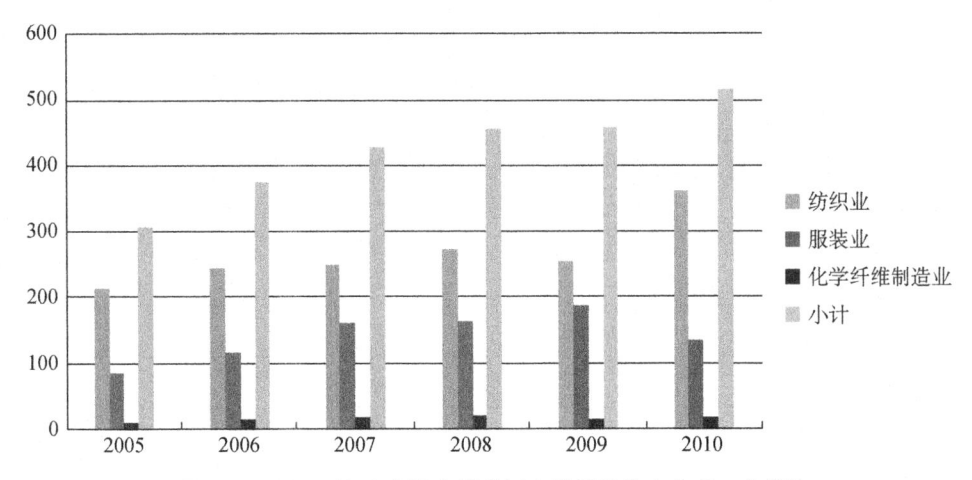

图 3-7　2005—2010 宁波市规模以上纺织服装企业出口交货值

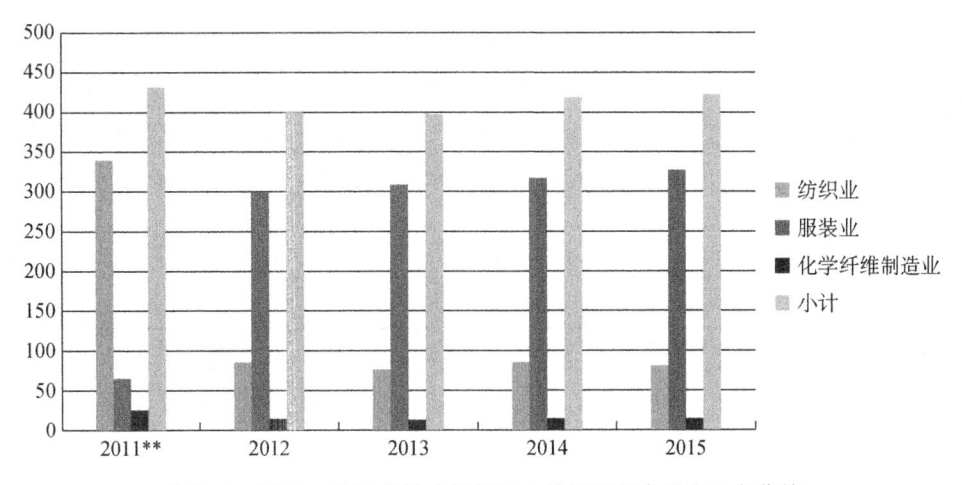

图 3-8　2011—2015 宁波市规模以上纺织服装企业出口交货值

4.1.5　利税总额"十一五"期间增长快速,超过利润总额增长

1997 年仅取得纺织工业利税额数据不可比。1998 年纺织服装业利税总额 21.48 亿元,2005 年为 47.53 亿元,比 1998 年增长 121%;2010 年 102.34 亿元,比 1998 年增长 376%,比 2005 年增长 115%,这期间增速较快。2011 年在变更统计口径减少企业家数的情况下利税达到最大为 103.79 亿元。到 2015 年 99.39 亿元,比 2010 年略有减少,但总体来看近 20 年增长 363%。"十一五"期间逐年上升,"十二五"期间波动较大。注:2012 年纺织业和服装业分类变化,导致细分行业变化大(表 3-5,图 3-9、图 3-10)。

表 3-5 1997—2015 年宁波市规模以上纺织服装企业利税总额

利税总额（亿元）	纺织业		纺织服装、服饰业		化学纤维制造业		合计	
	数值	同比（%）	数值	同比（%）	数值	同比（%）	数值	同比（%）
1997	13.37		* * *					
1998	13.48		8				21.48	
2005	25.57	89.69	18.46	130.75	3.5		47.53	121.27
2006	31.92		20.45		3.4		55.77	17.33
2007	35.02		26.91		4.7		66.63	19.47
2008	34.83		33.6		2.4		70.83	6.30
2009	33.07		41.04		4.8		78.91	11.41
2010	59.43	79.71	31.85	−22.39	11.06	130.42	102.34	29.69
2011**	67.54		27.72		8.53		103.79	
2012	27.8	−58.84	54.45	96.43	0.95	−88.86	83.2	−19.84
2013	32.48	16.83	55.52	1.96	1.43	50.52	89.43	7.49
2014	32.31	−0.52	65.89	18.67	3.17	121.67	101.37	13.35
2015	34.82	7.77	60.38	−8.36	4.19	32.17	99.39	−1.95

资料来源：根据宁波年鉴和宁波市统计局数据计算取得。

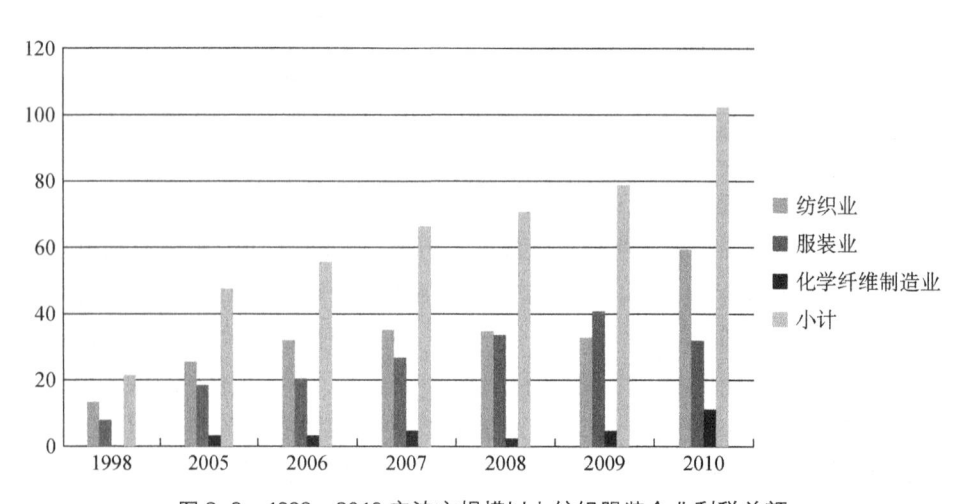

图 3-9 1998—2010 宁波市规模以上纺织服装企业利税总额

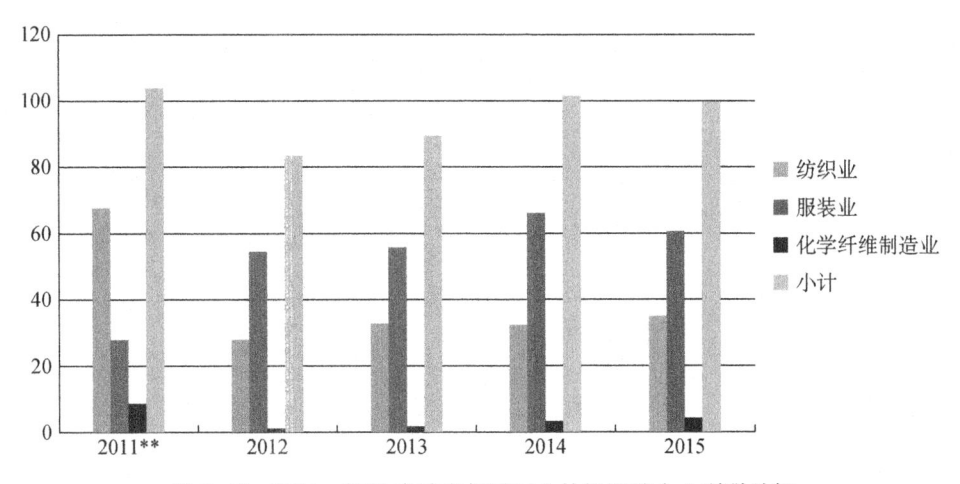

图 3-10 2011—2015 宁波市规模以上纺织服装企业利税总额

从利润总额看,也是 2010 和 2011 年最大达近 75 亿元,但增速小于利税总额。2015 年利润总额 62.23 亿元,比 2008 年增长 47%,比 2010 年下降 17%,"十二五"期间波动较大。注:2012 年纺织业和服装业分类变化,导致细分行业变化大(表 3-6,图 3-11)。

表 3-6 2010—2015 年宁波市规模以上纺织服装企业利润总额

利润总额(亿元)	纺织业		纺织服装、服饰业		化学纤维制造业		合计	
	数值	同比(%)	数值	同比(%)	数值	同比(%)	数值	同比(%)
2008	21.49		20.3		0.43		42.22	
2009	21.54	0.23	31.47	55.02	2.65	516.28	55.66	31.83
2010	44.04	104.45	22.56	−28.31	8.3	213.20	74.9	34.57
2011**	48.88		19.89		5.88		74.65	
2012	17.06	−65.09	37.42	88.13	−0.59	−110.03	53.89	−27.81
2013	21.71	27.26	36.34	−2.88	−0.39	−33.89	57.66	6.99
2014	21.81	0.46	45.4	24.93	0.75	−292.30	67.96	17.86
2015	23.1	5.91	38.07	−16.14	1.06	41.33	62.23	−8.43

资料来源:根据宁波年鉴和宁波市统计局数据计算取得。

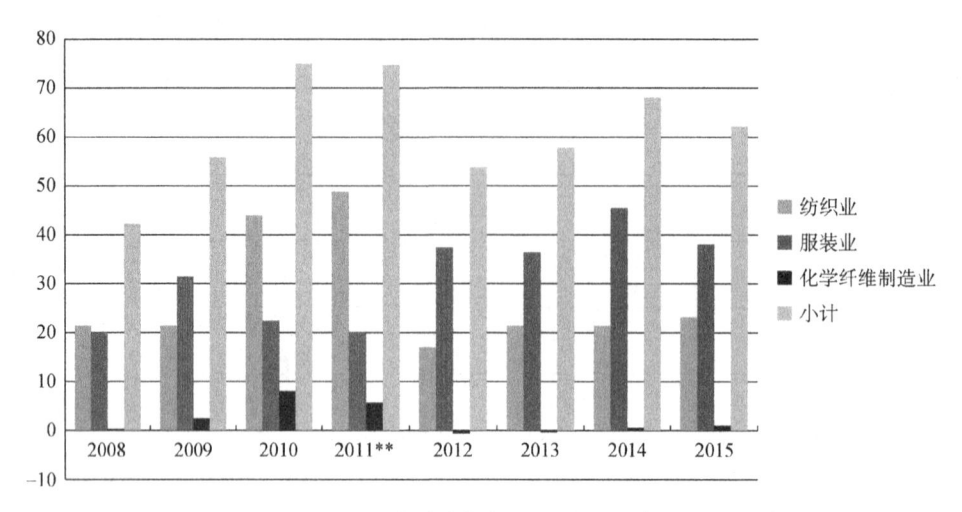

图 3-11　2008—2015 宁波市规模以上纺织服装企业利润总额
资料来源：根据宁波年鉴和宁波市统计局数据计算取得。

4.1.6　科技支出主要为自主研发，新产品产值占比增大

我们比较了近几年宁波纺织服装业的研发投入，研发主要是自主研发，直接购买科研成果较少。2010 年纺织服装企业科技活动经费支出 7.05 亿元，2012 年最大为 11.05 亿元，比 2010 年增长 57%，之后有所下降。细分行业波动较大。

对比同期的新产品产值发现，自主研发取得了较好的成绩。2010 年新产品产值 211.54 亿元，占同期工业总产值 1 208.9 亿元的 17.5%；2015 年新产品产值 360.85 亿元，占同期工业总产值 1 180.44 亿元的 30.6%，新产品产值所占比重大幅提高，企业转型升级取得了较好的成效。注：2012 年纺织业和服装业分类变化，导致细分行业变化大（表 3-7、表 3-8、图 3-12、图 3-13）。

表 3-7　2010—2015 年宁波市规模以上纺织服装企业科技活动经费支出

科技活动经费支出（亿元）	纺织业		纺织服装、服饰业		化学纤维制造业		合计	
	数值	同比（%）	数值	同比（%）	数值	同比（%）	数值	同比（%）
2010	4.78		1.90		0.37		7.05	
2011**	8.01	67.57	0.48	−74.73	1.29	248.65	9.78	38.72
2012	5.71	−28.71	2.46	412.5	2.88	123.26	11.05	12.98
2013	5.52	−3.33	3.11	26.42	1.35	−53.13	9.98	−9.68

(续表)

科技活动经费支出（亿元）	纺织业		纺织服装、服饰业		化学纤维制造业		合计	
	数值	同比（%）	数值	同比（%）	数值	同比（%）	数值	同比（%）
2014	5.58	1.09	3.58	15.11	1.06	−21.48	10.22	2.40
2015	5.47	−1.97	3.71	3.63	0.66	−37.74	9.84	−3.71

资料来源：根据宁波市统计局数据计算取得。

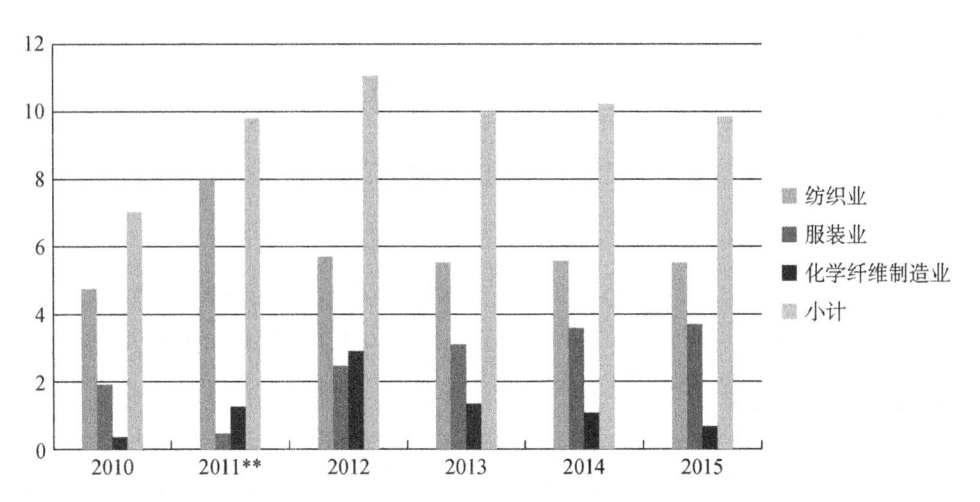

图 3-12 2010—2015 宁波市规模以上纺织服装企业科技活动经费支出

表 3-8 2010—2015 年宁波市规模以上纺织服装企业新产品产值

新产品产值（亿元）	纺织业		纺织服装、服饰业		化学纤维制造业		合计	
	数值	同比（%）	数值	同比（%）	数值	同比（%）	数值	同比（%）
2010	158.60		19.14		33.80		211.54	
2011**	223.29	40.79	21.90	14.42	54.00	59.76	299.19	41.43
2012	95.87	−57.06	129.47	491.18	30.89	−42.79	256.23	−14.35
2013	89.66	−6.47	119.33	−7.83	46.41	50.24	255.40	−0.32
2014	98.61	9.98	243.14	103.75	39.40	−15.10	381.15	49.23
2015	101.89	3.32	212.75	−12.50	46.21	17.28	360.85	−5.33

资料来源：根据宁波市统计局数据计算取得。

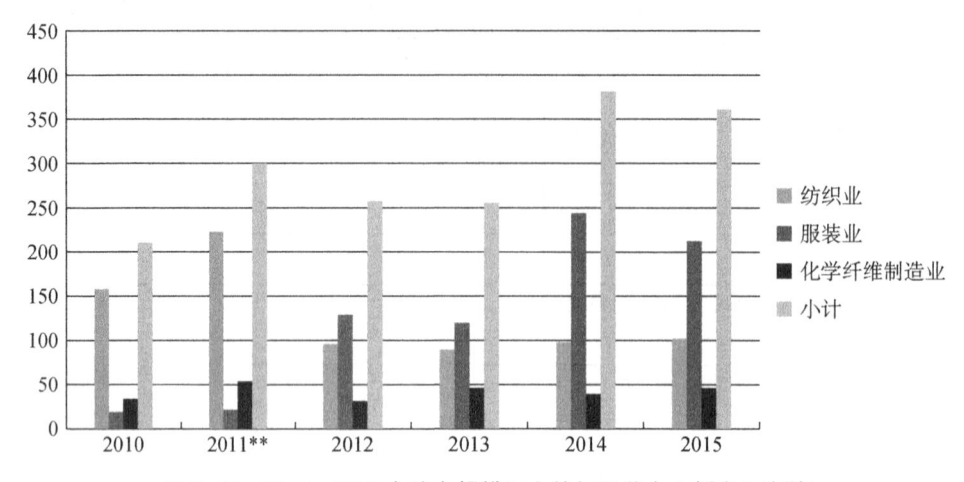

图 3-13 2010—2015 宁波市规模以上纺织服装企业新产品产值

4.1.7 人均劳动报酬逐年递增,"十二五"增加近一倍

我们对比了近 5 年宁波市规模以上纺织服装企业的人均劳动报酬,人均劳动报酬逐年递增,2010 年为 2.68 万元/人,到 2015 年达到 5.03 万元/人,比 2010 年增长 88%(表 3-9,图 3-14)。

表 3-9 2010—2015 年宁波市规模以上纺织服装企业人均劳动报酬

人均劳动报酬(万元/人)	纺织业		纺织服装、服饰业		化学纤维制造业		合计	
	数值	同比(%)	数值	同比(%)	数值	同比(%)	数值	同比(%)
2010	2.71		2.64		2.67		2.68	
2011**	3.26	20	3.24	23	3.28	23	3.25	21
2012	3.84	18	3.67	13	3.74	14	3.72	14
2013	4.56	19	4.25	16	4.1	10	4.32	16
2014	4.94	8	4.71	11	4.65	13	4.77	10
2015	5.22	6	4.94	5	5.29	14	5.03	5

资料来源:根据宁波市统计局数据计算取得。

宁波纺织服装企业 20 年的发展数据表明:"十一五"期间规模以上企业数上升最快,利税总额增长快且超过利润总额增长;"十二五"期间职工人数虽逐年减少,但人均劳动报酬逐年递增,五年增加近一倍;工业总产值近 20 年增长近 4

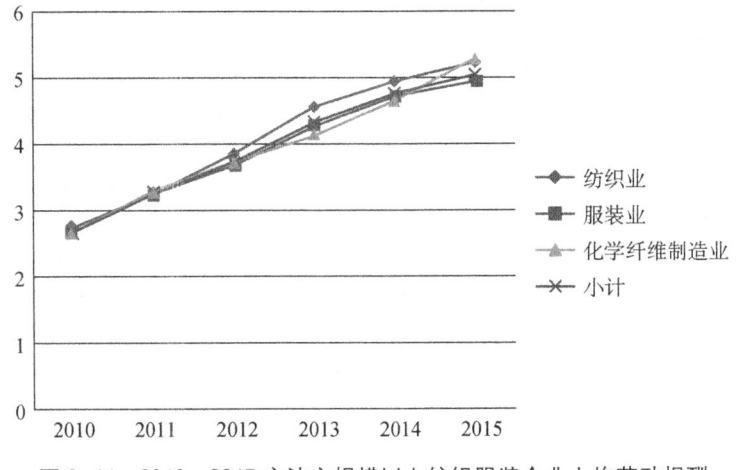

图 3-14　2010—2015 宁波市规模以上纺织服装企业人均劳动报酬

倍,但出口交货值增速比工业总产值增速小;科技支出主要为自主研发,新产品产值占比增大。总之近 20 年来宁波纺织服装行业在立足国内市场,对行业本身不断进行技术改造和企业经营体制改革的基础上,整体处于快速发展趋势,企业规模不断扩大,但是与纺织服装业发展较快的山东省、江苏省等地相比还有不少差距。

4.2　宁波纺织服装行业外向型发展基础与实践

4.2.1　政府及行业协会铺路为宁波纺织服装企业牵线搭桥

（1）宁波国际服装节

服装产业是宁波的支柱产业,在国内外有重要的影响,服装节是推动产业发展、促进产业合作的重要平台。服装节依托服装产业蜚声海内外,而宁波的服装产业借力国际服装节,通过这个平台走向世界。二十年来服装节以其影响力、号召力吸引了大批来自海外的服装品牌和服装客商的参与,推动了服装产业的国际合作交流。

从第一届服装节举办至今,服装节的功能定位已顺应时代而改变,从市民节日到产业盛会。在服装节初创阶段,宁波就已诞生了雅戈尔、杉杉、罗蒙、太平鸟、培罗成等一批成熟的服装企业与品牌,这些品牌通过服装节这个平台进一步扩大了市场影响力。与此同时,一批新兴的本土服装企业、品牌和新理念也伴随着服装节相继崛起。宁波华博会议展览有限公司董事长杨杰说,经过多年的发展,宁波服装节的模式已从最初 1.0 版本的政府统包统揽,转变成政府牵头与市场化运作相结合的2.0版本,如今已真正进入政府引导、市场运作、企业经营的3.0版本。

(2) 中国—中东欧国家投资贸易博览会

中国—中东欧国家投资贸易博览会(简称中东欧博览会)是中国与中东欧国家首个以投资贸易为主题的综合性博览会。每年6月8日~12日在宁波举办。宁波已连续三届举办中东欧博览会。首届中东欧博览会于2015年6月在宁波举行,首届中国—中东欧国家投资贸易博览会上,宁波和塞尔维亚诺维萨德市正式签订了"姐妹城市"协议,达米尔经营的时尚品牌试水中国市场。第二届中东欧博览会于2016年6月在宁波举办。顺应"一带一路"和长江经济带发展战略,以"深化合作、互利共赢"为主题,通过举办会议论坛、投资洽谈、贸易展览、人文交流等系列活动,进一步打造中国与中东欧国家全面合作和"一带一路"建设的重要平台。第三届中东欧博览会顺应"一带一路"合作倡议,以"释放合作潜力,促进互利共赢"为主题,通过举办相关系列活动,进一步打造中国与中东欧国家全面合作的重要平台。目前中捷产业合作园、中意生态园、北欧工业园等一批园区正在宁波加快推进。位于宁波保税区的中东欧贸易物流园,已成为中东欧特色商品进入中国市场的大本营。宁波与中东欧16国的20个城市缔结了友好城市关系,成为中国第一个在中东欧各国都有友城的城市。

(3) 海外宁波商会

2014年12月,柬埔寨宁波商会成立,这是宁波市第二家境外宁波企业商会,也是宁波市第一个在"一带一路"沿线国家成立的商会。商会以宁波当地服装企业为主,兼容机械、五金等行业企业共50余家,该商会作为对外投资服务平台,得到了宁波市政府的肯定与支持,服务平台也为今后其他企业更好地融入"一带一路"做好了咨询服务。目前柬埔寨已经成为宁波市纺织服装企业"走出去"开展境外投资的热点,狮丹努、申洲、斯蒂科等一大批企业都在柬埔寨设立了生产基地。柬埔寨宁波商会的成立,将进一步促进我市企业在该国的抱团发展,提高经营和抗风险能力。

(4) "一带一路"服装产业国际合作峰会

2016年10月,首届"一带一路"服装产业国际合作峰会暨对接会在甬举行,会议专家从宏观导向、政策解读、实践应用、合作需求等方面入手,探讨"一带一路"倡议背景下服装纺织产业发展途径,以国际视野和全新理念促进服装行业的国际大合作。这是宁波国际服装节历史上首次举办区域性服装产业国际合作的专业化论坛。

另外,中国"一带一路"网、国家信息中心"一带一路"大数据报告、浙江省参与"一带一路"建设推进会等,为宁波纺织服装行业参与"一带一路"建设外向型发展提供强大的支撑和服务。

4.2.2 宁波纺织服装外向型发展先行企业

(1) 雅戈尔:"共建、共赢、共享"全球时尚生态圈倡议

雅戈尔集团一直以来都是宁波服装业的龙头,公司的核心产业品牌服装衬衫和西服市场份额连续22年和17年占据全国第一。2017年7月,雅戈尔在意大利的科莫湖畔与世界五家顶级面料商联合举办了一场题为"丝路轮回"的文化交流盛会,并发出"共建、共赢、共享"全球时尚生态圈的倡议书。由于宁波是海上丝路的起点,科莫湖则是海上丝路的终点,外界将这次合作视为雅戈尔的"一带一路"实践,对此李如成表示同意:"过去的传统总是看重出口,而现在的观念要向全球'共享'转变,'一带一路'不是中国一家的独奏,而是沿线国家的合唱,共同分享世界经济的成长。"在2016年的第20届宁波国际服装节期间,雅戈尔集团与欧洲五大顶级面料商 ZEGNA、LORO PIANA、CERRUTI 1881、ALUMO、ALBINI 签约合作,以全球顶级面料、顶级工艺、高性价比打造MAYOR。根据李如成的设想,雅戈尔、MAYOR 等品牌服装将从宁波出发,沿着"一带一路"倡议往北、往西,将在杭州、上海、北京、西安、兰州、乌鲁木齐等国内城市重点营销,未来还将走出国门,一直走到东南亚、中亚、西亚、欧洲等地国家营销,并与"一带一路"沿线国家企业开展广泛合作。

(2) 申洲集团:东南亚产能转移抢占发展先机

早在10余年前,申洲集团就在柬埔寨建立了海外工厂,主要从事成衣的生产。2013年9月,申洲集团又在越南启动面料工厂建设。申洲既在柬埔寨建立成衣基地,又在越南建立了面料基地。目前宁波地区人工成本已经超过了5 000元/月,工资水平约为东南亚国家的3倍,申洲在东南亚国家的投资,很好地解决了劳动力成本上升的困扰,同时这些欧美国家对来自东南亚国家商品一般不采取贸易壁垒措施,因此申洲东南亚项目既能给当地带来就业和收入,又使申洲实现了产业的梯度转移和平稳发展。以申洲为代表的宁波纺织服装企业,短时间内迅速完成向东南亚的产能转移,在全球行业竞争中再一次抢占了发展先机。

(3) 百隆东方:越南最大色纺纱生产基地

2017年6月在甬召开的浙江省参与"一带一路"建设推进会上,重大项目:百隆东方的越南宁波园中园扩建项目现场签约。几乎是迎着"一带一路"建设的

东风,2012 年 12 月 18 日,百隆(越南)有限公司正式成立,生产各类纱线及其副产品,如今成为越南最大的色纺纱生产基地。截至目前,百隆东方已在越南总投资 4 亿美元。随着东南亚地区对百隆纱线产品需求仍不断增加,基于对越南百隆长期发展的信心,2017 年 6 月,百隆东方发布公告称,决定投资越南百隆 B 区 50 万纱锭生产项目,总投资 3 亿美元,分三年逐步完成。加上现有的 50 万纱锭生产能力,这意味着,三年后百隆东方股份有限公司将在越南拥有 100 万锭的色纺纱产能,总投资达到 7 亿美元。越南在人力资源成本和原材料进口等方面都有相当大的优势,能越有效降低公司整体生产成本,有助于公司开拓国际销售市场,提高公司在国际市场占有率。宁波企业还为越南带去了环保理念,污水处理达越南国家一级排放标准。

(4) 狮丹努:"一带一路"合作撬动产业优化升级

2017 年 6 月在甬召开的浙江省参与"一带一路"建设推进会上,狮丹努集团在越南投资的年产 3 万吨高档面料生产基地项目正式签约。该项目是狮丹努集团在海外投资最大的项目,预计年生产高档面料 3 万吨,针织服装 3 000 万件,年销售额实现 21.2 亿元。早在 9 年前,狮丹努就开始产能转移,当时首选是国内中西部地区。随后狮丹努开始将视线转向东南亚,结合"走出去"战略,以投资带动贸易。2010 年,狮丹努投入 100 万美元在柬埔寨进行"试水",第三年即收回成本。随后,狮丹努开始扩大在东南亚投资规模。截至 2016 年底,该公司已在柬埔寨、缅甸开设 4 家成衣厂,总用工规模为 4 000 人。此外,狮丹努的本土基地开始将更多注意力放在高价值环节。去年,该公司 ODM(原始设计制造)业务已实现销售收入 4 500 万美元,占比近 10%。通过'一带一路'国际产能合作,把中国优势产能与欧美技术、东南亚市场需求紧密联系起来,促进全球产业链对接,从而实现产业的优化升级。

(5) 其他企业

慈星股份 2015 年开始在孟加拉国、越南、柬埔寨等国家设立了多家分公司,2016 年以来慈星股份加速布局"一带一路"沿线国家市场,通过电脑针织机械的租赁、销售、织片加工业务,更好地在当地销售推广慈星电脑针织机械,从而大大提升了企业的出口实力;杉杉在近十几年开始品牌国际化,打造"多品牌、国际化"的时装。十几年来,杉杉引进了一些国际品牌,意大利的 Marco Azzali、Lubiam,诞生于法国的 Renoma、Smalto、Lafancy,韩国的 QUA,日本的 IORI。在海上丝绸之路"一带一路"的大背景下,杉杉及整个宁波时尚行业借助国家品牌影响力,把中国元素导入时尚产品走出国门;太平鸟与快时尚的创始者 ZARA

展开合作学习交流,使太平鸟在产品设计上保持了与国际时尚潮流的同步;鄞州区的"新明达针织""斯蒂科家纺"等企业在柬埔寨等国家设立了加工厂;华孚等宁波纺织企业在越南进行棉纺投资;宁波侨泰兴纺织等企业在中东欧人口最多的国家波兰投资。

经过多年的发展,宁波服装行业休闲装、时装、牛仔、内衣全面开花,女装、童装与男装共舞。特别是斐戈、德·玛纳、Esback、旦可韵、麦中林、花时美品牌的出现,改变了男装唱"独角戏"的尴尬处境。爱法贝、辛巴娜娜、春芽子、巴比乐乐等一批优秀童装品牌的创立,也助力宁波服装逐步形成多元化、系列化格局。同时宁波的服装电商也是风生水起,博洋、GXG、维科等龙头企业电商业务领跑国内同行。

5 "一带一路"倡议下宁波纺织服装行业外向型发展的路径与对策

5.1 规划与融合

发挥行业协会的协调能力与纺服行业主管部门的行政能力,在"一带一路"总体战略下,制订宁波纺服行业的投资与贸易发展规划,该规划应与省内外纺服行业进行协调,以充分利用较强的集群优势参与国际竞争。

根据2015年全国商务工作会议精神,为落实"一带一路"倡议规划,将在印尼、泰国、白俄罗斯、匈牙利、埃及等国进行产业园区建设,构建跨境产业链和产业合作平台。今年宁波"走出去"工作会议也明确了应以"一带一路"市场为重点,组织有投资合作意向的企业开展以中东欧和东南亚等"一带一路"沿线国家为重点的境外市场考察、项目洽谈和活动参与,引导有实力的企业在沿线建立生产基地、批发市场。宁波纺织服装应抓住这次机遇,巩固和拓展在沿线国家的基地,建立宁波人自己的纺织服装产业投资创业基地与纺织服装贸易城。[①]

整合宁波在"一带一路"沿线国家的资源与势力,带动更多的纺织服装企业"走出去"。在国家倡导、政策推动和市场商机的驱动下,今后会有更多的宁波纺织服装企业愿意"走出去",对此应充分发挥申洲集团等大型服装企业的龙头作用,建立境外经贸联络处。除申洲外,百隆、狮丹努等一大批纺织服装企业也已在柬埔寨、越南、泰国等国建成了各自的生产基地,可以说宁波纺织服装企业在东南亚已经形成了一定规模的集群优势,积累了不少的投资和贸易经验,所以其

---

① "一带一路"成为甬企境外投资新热点:"一带一路"今年将成对外投资重点 http://city.ifeng.com/a/20150210/417968_0.shtml。

他"走出去"纺服企业(尤其是中小企业)应依托这些企业找到适合于自身企业的"走出去"路子。①

行业协会与主管部门应有"一带一路"倡议下纺织服装行业发展的长远规划。首先,应认真研究宁波纺织服装行业在国际市场面临的机遇与挑战,充分利用"一带一路"倡议形成的有利条件、宁波独特的地理位置优势以及海外发展基础,统筹纺织服装行业发展的国内国际两种资源,建立跨国产业链,重新布局我市纺织服装产业,这是第一步。第二步,借助对外投资、技术合作、营销创新来打造一批高端纺织服装跨国公司,让更多的宁波纺织服装企业成为申洲集团一样的强大的跨国公司。②

5.2 行动与保障

一方面,按照整体规划统一行动,整合各方力量将发展规划付诸实施,另一方面,在行动中遇到的困难反馈给政府有关部门以制订和完善相关的应对政策,或与相关国家进行政府层面的接触与协调。

充分发挥服务型政府的角色,政府职能部门应充当纺织服装企业"走出去"后援团。如鄞州区为企业提供海外投资保险补助,搭建各类境外投资平台,每年不定期举办各类境外投资合作推介会或说明会。结合鄞州区纺织服装产业现状,政府引导企业利用东南亚国家的优惠政策、劳动力成本等优势,鼓励中小纺织服装企业抱团转移,并出台了一系列政策举措。③ 此外,应简化纺织服装企业"走出去"的审批流程,如减少限额以上境外投资项目申报环节,简化大型境外投资项目的登记程序,为纺织服装企业"走出去"建立绿色通道。

鼓励支持纺织服装行业协会、商会发挥企业"走出去"的促进作用。宁波纺织服装行业协会与商会应在信息支持、组织协调、事务参谋等方面发挥应有的作用。尤其是信息支持非常重要,应充分调动"走出去"先行企业的积极性,鼓励它们毫无保留地提供"一带一路"沿线国家与贸易、投资有关的信息,行业协会和商会可通过举办各类贸易投资论坛或研讨会,充分交流和共享这方面的信息。政府在举办这方面论坛或研讨会时,应更多地发挥纺织服装协会或商会的主导作

---

① "一带一路"成为甬企境外投资新热点:海外投资谋求"双赢"http://city.ifeng.com/a/20150210/417968_0.shtml。

② 纺织工业境外投资面临机遇与挑战:纺织业境外投资"四个要",世界服装鞋帽网 http://www.sjfzxm.com/news/hangye/20130722/351223_2.html。

③ 借助海外市场转型升级鄞企"出海"揽商机:政府"后援团"力挺 http://nb.zjol.com.cn/system/2015/04/08/020592637.shtml。

用,尤其是更多地听取海外商会的信息和意见。

为"走出去"企业提供金融等支持政策。首先,中国进出口银行应完善适应"一带一路"倡议的境外投资信贷机制,宁波纺织服装企业在资金短缺时应争取在这方面出口信贷的优惠。其次,配合"一带一路"倡议的实施,中国银行等大型国有商业银行境外分支机构应加强对"一带一路"沿线项目的金融支持,宁波纺织服装企业应与投资地中资银行分支机构建立良好的金融合作关系。第三,中国出口信贷保险公司应配合"一带一路"倡议提供沿线国家重点中资项目的风险评估机制,如提供投资咨询、风险评估、风险控制及投资保险等境外投资风险保障业务,并给予服务费率的优惠。宁波纺织服装企业在"一带一路"沿线国家开展贸易投资过程中,应充分发挥出口信贷保险公司的投资风险综合分析作用,与之建立良好的沟通与合作机制。[1]

用好我国与"一带一路"沿线国家签订的多双边自由贸易协定和投资保护协定,充分发挥这些协定和协议的在纺织服装投资贸易项目建设中的税收优惠、土地使用权优惠、劳动用工以及安全保障的作用。[2]

5.3 主管部门与行业协会培育与组合外向型发展资源要素

宁波纺服行业中小民营企业占有绝大多数的现实决定了对外投资必须依靠集群优势,而集群优势的发挥又有助于行业组织与主管部门的协调与决策。在"一带一路"背景下,宁波纺织服装行业协会和行业主管部门权威的强化,有赖于其如何帮助纺织服装企业管控海外投资与贸易的风险。因为宁波纺织服装企业基于自身实力较为单薄,集群的力量也较弱等缺点,很难依靠自身力量管控风险,所以应充分发挥政府主管部门的引导和扶持作用,纺织服装行业协会的协调、带动和帮扶作用,对宁波纺织服装企业海外投资贸易过程中可能面临的风险进行制度化、常态化、规范化防范,最大限度降低海外风险。根据要素组合理论、国际分工理论以及宁波纺织服装行业在"一带一路"沿线国家投资与贸易所面临的问题现状,宁波纺织服装行业协会和主管部门主要应从如下方面帮助企业。

第一,根据海外市场资源要素的新情况、新问题,及时帮助企业调整投资与贸易布局。在"一带一路"倡议下,提升纺织服装企业"走出去"的质量,提升企业创新能力,开展宁波纺织服装企业在海外的资源整合,及早作出关乎纺织服装行

---

[1] 纺织工业境外投资面临机遇与挑战:"走出去"的政策措施,世界服装鞋帽网 http://www.sjfzxm.com/news/hangye/20130722/351223_2.html。

[2] 纺织工业境外投资面临机遇与挑战:纺织业境外投资"四个要",世界服装鞋帽网 http://www.sjfzxm.com/news/hangye/20130722/351223_2.html。

业的长远抉择,是行业协会及主管部门的重要工作。对此,行业协会和主管部门应充分利用自身平台的信息和政策优势,以"安全、效益"为原则,帮助企业调整投资布局,管控投资与贸易的风险。

第二,做好纺织服装跨国经营管理人才的培训与招聘工作。跨国经营管理人才的缺乏是宁波纺织服装界致力于"一带一路"倡议的瓶颈,纺织服装行业协会可以在政府有关部门的支持下,通过专业培训、产学研协作、岗位实习锻炼、组织与海外投资贸易相关的国际人才交流活动等多种形式,帮助宁波纺织服装企业培养专业技术人才和跨国管理人才。行业协会和主管部门还可以组织针对境外纺织服装企业投资与贸易的人才招聘,帮助企业建立跨国经营的专业人才库,减少企业的人力资源成本。①

第三,利用宁波发达的会展经济和国际服装节,积极组合海内外要素资源,为外向型企业牵线搭桥。对此,应利用各地宁波商会中的纺织服装业企业家资源,并利用其与海内外其他国家与地区的纺织服装企业的关系,积极通过参与在宁波举办的国际服装节、纺织服装投资贸易博览会以及服装产业国际合作峰会等,提高信息交流与资源组合的效率。此外,主管部门通过办好信息交流网站,利用互联网大数据提高资源组合的效率。

5.4 制订好"一带一路"倡议下的多层次、多领域的贸易与投资规划

全球化竞争以及企业成本特别是人工成本的持续上升,促使宁波纺织服装企业对外寻求突破,有的企业规模化大生产已向东南亚转移。宁波纺织服装业转型升级向4.0方向升级,产业向研发设计高端发展是产业发展的必然选择。通过规模化、流程化、专业化运作,建立现代纺织"智能产业化生产线",从源头上解决纺织企业生产过程中的质量及成本控制等问题,实现产业可持续发展。同时,借助宁波服装较完善产业链的优势,发展时尚服装,搭建时尚设计平台。利用公共媒体力量举办与服装产业相关的时尚发布、展览体验、展示表演等,提升宁波时尚服装竞争力。政府应制订好贸易与投资规划,规划应与国家总体规划和其他地区纺服行业总体规划相协调,应在现有对外贸易与投资基础上,体现行业内各纺服企业的共识,坚持利益均沾、风险共担、协调行动等原则。该规划应是动态的,根据新的形势发展可以修订,修订程序也应体现民主化。

当前宁波纺织服装企业适应"一带一路"倡议的投资与贸易规划,应从促进

---

① 丁小巍,李惠胤."一带一路"背景下中国企业海外投资风险的管控——以行业协会帮助企业布局为切入点[J].政法学刊,2015,(5):123-128.

产业可持续发展的国际化经营动机出发,在市场、资源、技术和效率等方面寻求纺织服装行业的出口、品牌并购、投资设厂、股权并购、产业转移、技术合作和管理架构变革等战略性规划。① 在市场驱动方面,应建立好宁波纺织服装行业的跨境电子商务平台,总结雅戈尔收购 SMART 等案例的经验,寻求对"一带一路"沿线新兴市场的并购机会,逐步建立宁波纺织服装界的国际化品牌。在资源驱动方面,针对国内纺织原材料价格日益上升的现实,应在"一带一路"沿线廉价原材料国家寻求启动纺织项目,建立纺织工业园区项目。方式既可以通过投资设厂,也可以通过股权并购,还可以通过国内富余生产力的转移。在技术驱动方面,可以学习江苏金昇实业收购瑞士纺机巨头欧瑞康的经验,寻求与境外纺织制衣技术先进的企业进行多种形式的技术合作,促进宁波纺织服装行业的生产技术上一个新的台阶。在效率驱动方面,通过管理架构的战略性资产经营,使宁波纺织服装企业从低层次参与国际分工的战略向高层次国际运营战略,从"世界工厂"的"打工者"向全球资源的"整合者"转型。关键要布局好总部、研发、品牌机构、制造基地、外贸中心、销售市场等战略性资产,才能形成高效率的跨国经营模式。②

5.5 建立各层次企业对外贸易与投资的信息交流与协同发展机制

宁波纺织纺织业聚集着大量的中小企业,中小企业获取市场、政策、技术、产品、标准、人才等各类信息的渠道和及时性都显现弱势,中小企业生存发展压力突出,政府应为参与"一带一路"建设的宁波纺织服装企业提供良好的公共服务。应建立对外贸易与投资的信息中心,以共享投资与贸易过程中的信息,根据信息资料认真研究有利的条件所带来的商业机遇并共同分享,或不利条件所带来的共同挑战并协调行动予以共同防范。可由政府政策扶持,以智慧服务为契合点,由专业机构建立行业产品、市场、企业数据库,形成行业大数据平台,即行业信息服务中心平台。通过信息数据平台为行业企业提供行业标准信息、市场信息、时尚信息、产品信息。应规范"一带一路"沿线国家纺织服装投资与贸易的信息搜集与发布工作。行业协会和主管部门应通过各级政府部门、各海外投资纺织服装企业充分调动收集信息资源,组织专题调研,定期发布关于主要投资目的国的市场、法律、政策、风险预警等方面的专题调研报告,通过共享平台发布,及时帮

---

① 何涛,姜宁川,王歆."一带一路"倡议下中国纺织业国际化研究——风险控制和协同发展[J].经济与管理,2016(5):583-587.

② 梁龙.江苏东渡:制造转向"智造"[N].中国纺织报,2013-07-05。

助企业管控海外投资与贸易风险。

宁波纺织服装中小企业居多,实力较弱,必须整合政治、商业、文化等各种资源,组团联合开展在"一带一路"国家的投资和贸易,才能有胜算。第一,政治与经济的协同发展。在国家政治与经济外交下,与"一带一路"沿线国家发展战略协调,政治、经济协定在先,纺织工贸园等项目合作协议在后,才能防范政治、社会与商业风险。第二,商业和文化协同发展。"一带一路"沿线集中了儒教文化、佛教文化等文化形态,宁波在这些文化形态国家的纺织服装产品应体现当地文化特色,这方面应充分联合宁波文化创意产业,设计出"一带一路"沿线国家文化品味的纺织服装产品。第三,产业链协同发展。宁波纺织服装企业"走出去",应发挥雅戈尔等服装大企业的引领作用,形成纺织服装产业集群,集群内企业应形成协同创新的机制,形成原材料来源的成本优势,技术研发的互补优势,市场营销的集群优势。应借助浙江电子商务的优势,建立宁波纺织服装行业跨境电子实务平台及大数据技术。①

5.6 建立"一带一路"倡议下外向型发展的保障机制

构建"一带一路"倡议下宁波纺织服装行业外向型发展的保障机制,是为了在实施路径的指引下,有序推进"一带一路"倡议下宁波纺服行业外向型发展。

5.6.1 组织与行政保障机制

在"一带一路"倡议下,拓展宁波纺织服装行业组织的功能,再造行政主观部门的职责,是宁波纺织服装行业"走出去"战略的组织与行政保障。纺服行业协会应拓展其信息支持、组织协调功能,行政主管部门应再造适应纺织服装企业"走出去"战略的行政服务能力,这样才能发挥商务行政部门、纺织服装协会的引领与指导作用。对于纺织服装企业集群而言,协会的功能在于组织活动给企业带来的影响以及促进企业间联系与协作。在协会协调下,也可与宁波本地高校的纺织服装专业合作,利用大学和科研机构的专业资源为创新型企业成长提供条件,为中小型企业产品开发提供技术平台。行业协会与行业主管部门应切实担负起统筹协调、指导服务和督促检查的责任,及时协调处理重大事项,形成责任明确、运转协调、高效有序的工作机制。

5.6.2 政策与法律保障机制

(1) 政策激励。"一带一路"是一种长期战略,对参与者在短期内可能面临

---

① 何涛,姜宁川,王歆."一带一路"倡议下中国纺织业国际化研究——风险控制和协同发展[J].经济与管理,2016(5):583-587.

巨额的投入负担,尤其对目前处于困难局面的宁波纺服行业,应享有足够优惠的税收、信贷、外贸、外汇结算、人才等政策,才能激发其参与的积极性。首先,针对"一带一路"沿线国家对纺织品的特殊需求,政府应采取降低企业所得税、提供低息贷款或无息贷款等优惠政策的形式,激励纺织企业进行有针对性的自主创新,以提升纺织服装产品的国际竞争力。其次,出台用人支持政策,形成有人可用且能留人的人力资源供应机制。利用税收优惠、财政补贴等措施,调动纺织企业和纺织类高校大力培养适应"一带一路"倡议下的纺织服装行业人才,为企业提供用工人员工融入、扎根城市提供住房、子女教育等扶持政策,以从根本上提升宁波纺织服装行业的自主创新能力。最后,重点推进品牌建设,加强品牌建设工作的专业指导,引导企业完善品牌培育管理体系,引进品牌培育专家、引进或建立品牌服务业机构,在品牌培育、质量管理、知识产权管理等方面提供专业支撑和服务。

(2)法律保障。对于宁波纺服企业有对外投资意向的国家,政府应着手与这些国家商签合作协议,包括双边投资保障协定、避免双重征税协定、产业合作协定等,并赋予这些协定以法律制度保障。为避免"绿色贸易"壁垒造成的损失,应针对"一带一路"倡议对出口纺织品新的环保要求,修订我国纺织品环保标准,并加强对绿色环保标准的监控。

5.6.3 风险识别与防范机制

树立风险意识,自觉化解风险。"一带一路"倡议一方面有利于中国与沿线国家的经济互补与政治互信,但由于沿线国家多安全高风险地带,不少国家政局不稳、政治腐败、法制不完善、文化差异明显等因素,导致对外贸易与投资所带来的一系列经济与政治性风险,所以应该认真研究投资地的风险因素,参与者应享受优惠的政策或商业性保险,加强与沿线国家的经济与政治关系,在出现危机时通过必要的政府间外交行动予以化解。应建立"一带一路"沿线国家的纺织品贸易与投资的预警机制,该机制应包括对纺织品贸易与投资环境的实时跟踪与监测,预警指标的制订与发布,投资贸易的风险提示与预防建议等。

5.6.4 纺织品绿色贸易壁垒应对机制

首先,纺织服装行业协会应及时了解"一带一路"沿线国家纺织品绿色环保动态,针对国际市场业务的要求,建立定向的信息采集,为宁波纺织服装企业提供应对绿色贸易壁垒的原料、产品、技术装备和价格等方面的信息[①]。其次,纺

---

① 刘霞玲,罗俊杰.纺织企业节能减排支持技术体系及运行机制研究——以浙江为例[J].中南林业科技大学学报(社会科学版),2013(6):32-36。

织行业协会、商会应在在商务部门支持下,会同环保、科技等部门完善纺织品绿色环保标准体系,并建立纺织品环保监测机制,不定期地对重点纺织品的环保指数进行监测。再次,政府应建立纺织品环保监测实验室,为确保宁波纺织品出口"一带一路"国家的环保标准服务。在这方面应借鉴泉州市的经验,建立纺织品环保监测实验室,保障科学公正、准确高效地监测纺织品的绿色环保标准[①]。

注:本专题系2017年结题的"2015年度宁波市软科学研究课题:"一带一路"倡议下宁波纺织服装行业外向型发展研究(项目编号:2015A10031)"的研究成果。由刘霞玲主持,夏春玲,魏明参与完成。

---

① 刘倩.融入"一带一路" 纺织品监测实验室为外贸护航[N].泉州晚报,2015-06-16。